Sr. Agnes Bernharda Zepter (Hrsg.)

UNGEZÄHMT IN EHE, KLOSTER UND KZ
Mutter Marie Skobtsov
1891 – 1945

Sr. Agnes Bernharda Zepter
(Hrsg.)

UNGEZÄHMT IN EHE, KLOSTER UND KZ

MUTTER MARIE SKOBTSOV
1891 – 1945

EOS-VERLAG, ERZABTEI ST. OTTILIEN
2002

Die Deutsche Bibliothek – CIP-Einheitsaufnahme

Ungezähmt in Ehe, Kloster und KZ :
Mutter Marie Skobtsov 1891-1945 /
Agnes Bernharda Zepter (Hrsg.). –
St. Ottilien : EOS-Verl., 2002

ISBN 3-8306-7110-5

Umschlaggrafik: Brigitte Karcher

Gefördert durch Renovabis /
Versöhnungsfonds der Katholischen Kirche in Deutschland

© EOS-Verlag, Erzabtei St. Ottilien, D-86941 St. Ottilien

INHALT

I.
AUS DEM LEBEN DER MUTTER MARIE SKOBTSOV

Kindheit und familiäre Umwelt.................................13

Studium in St. Petersburg und frühe Heirat 18

Begegnung mit Aleksander Blok und
erste Ehe..20

Bürgermeisterin während der Revolution 24

Zweite Ehe und Flucht 28

Tod des Kindes..31

Ein diakonisches Amt..33

Ein Mönchtum, offen auf die Welt hin 41

Ein Haus, offen für alle 46

Tochter Gaiana..56

Die orthodoxe Aktion..58

Besetzung Frankreichs 63

Widerstand 66

Verhaftung 69

Im KZ Ravensbrück 72

Vernichtung...77

Auszug aus einem Bericht (*Simone Auclair*) 79

Das Ende 84

Mutter Maries Vermächtnis.. 87

Aus der Zeitschrift *Témoignage* 90

Ein Brief an Dimitri Skobtsov.................................... 91

II.
AUS DEN SCHRIFTEN DER MUTTER
MARIE SKOBTSOV

Die verschiedenen Typen der Frömmigkeit 97

Der Typ synodaler Frömmigkeit 101

Der Typ ritualistischer Frömmigkeit 109

Der Typ ästhetischer Frömmigkeit............................ 119

Der Typ asketischer Frömmigkeit............................. 130

VORWORT

„Spurensuche" nennt Sr. Agnes Bernharda Zepter die Sammlung von Nachrichten und Dokumenten über Ordensfrauen im KZ. Jahrelang hat sie sich bemüht, Spuren dieser Frauen ausfindig zu machen, mühsam war das Suchen und viel Geduld war nötig, um auch nur unvollständige Angaben zu erhalten; denn viele Zeugen sind selbst im KZ getötet worden, Überlebende oft unauffindbar oder inzwischen gestorben.

Von den Betroffenen selbst gibt es nur spärliche Dokumente aus ihrer Haft, weil sie am Schreiben von Briefen sehr gehindert waren. Wer sollte von ihrem Tod berichten, wenn die Zeugen selbst auf ähnliche Weise umgekommen sind oder an solchem Sterben uninteressiert waren, weil sie zu den Henkern gehörten!

Es geht in dieser Sammlung von Nonnen im KZ, deren erster Band hier vorgelegt wird, nicht um eine wissenschaftliche Untersuchung, sondern um Lebensbilder, die dem Vergessen entrissen werden sollen, auch dem Vergessen in den eigenen Klöstern.

Mutter Skobtsov kann man als Mystikerin bezeichnen; denn in ihren Gedichten spürt man die vollständige Hingabe und Liebe zu Gott.

So stützt sich diese Dokumentation vor allem auf ihre eigenen literarischen Werke, ihre beiden Gedichtbände: *Skytische Scherben* (1912) und *Ruf* (1916), sowie die Gedichtsammlung (in Russisch): *Mat' Marie,* (Paris

1947). Dazu kommen die Zeugnisse von Mithäftlingen vor allem einer Nichte General de Gaulles, Madame Geniève de Gaulle-Antonioz: *Voix et Visages* (1960), sowie ein Brief von J. Verdier an den ehemaligen Mann von Mutter Marie (1945). Dazu eine Konferenz-Serie: *Von den Müttern in der Kirche, Kurse der interkonfessionellen Bildung* (Lyon, 2 place Gailleton); E. M. Bachmann: *Im anderen das Bild Gottes erkennen - Mutter Maries Weg und Dienst ausserhalb schützender Klostermauern*: in Stimme der Orthodoxie 3/86; Sergei Hackl: *Einer von großem Wert* (London 1965); derselbe: *Die größere Liebe* (Düsseldorf 1967); B. M. Kemper: *Nonnen unter dem Hakenkreuz* (Würzburg 1979) und: Dr. Gisela-Athanasia Schröder: *Nichts anderes als Christus besitzen..*

Von all diesen Nonnen kann man sagen, was die Freundin Edith Steins nach deren Tod gesagt hat:
„Wir wissen nicht, was E. Stein angesichts des Vergasungstodes empfunden hat: ob sie sich in der vollkommenen Dunkelheit blossen Glaubens befand oder ob sie in einer Liebesvereinigung mit Gott stand. Aber in jedem Fall ist es ein Trost zu wissen, dass es nur noch das Zerreissen eines dünnen zarten Schleiers war, der sie vom ewigen Leben trennte."

Sr. Agnes Bernharda Zepter
P. Walter Sedlmeier

*Ikone der Mutter Marie Skobtsov
Mit Maria und Jesuskind am Kreuz*

I.

AUS DEM LEBEN DER MUTTER MARIE SKOBTSOV
1891 – 1945

Avantgardistische Dichterin in einem adligen intellektuellen Milieu in St.Petersburg-
Mitglied der russischen sozialkritisch-revolutionären Partei-
zweimal verheiratet und zweimal geschieden-
Mutter dreier Kinder-
Nonne im Herzen der russischen Exilkirche-
Widerständlerin im besetzten Frankreich-
verschleppt in das Konzentrationslager Ravensbrück, wo sie kurz vor der Befreiung starb.

Kindheit und familiäre Umwelt

Elisaveta Pilenko – das ist der Mädchenname der Mutter Marie – wurde am 8. (oder 20.) Dezember 1891 in Riga geboren.
Damals befand sich das Zarenreich äußerlich gesehen noch auf dem Höhepunkt seiner Macht. Niemand konnte seinen baldigen, Europa in gewaltigem Ausmaß verändernden Untergang ahnen, der unsägliches Leid über die Menschen brachte. Viele trieb er in die Fremde.
Zu ihnen gehörte auch Elisaveta.

Ihre Familie entstammte dem Adel – eine ihrer Vorfahren war Prascovie Romanov, eine Schwester der Kaiserin Anne von Russland – so waren alle Voraussetzungen für ein äußeres sorgenfreies Leben gegeben.
Großvater Dimitri V. Pilenko, Generalleutnant a. D., führte seinen Stammbaum auf ein altes Kosakengeschlecht zurück. Er war Stabschef des Kubaner Kosakenheeres und Chef des Schwarzmeerkreises. Nach seinen Projekten wurden Anapa und Novorossijsk gebaut. Er besaß hervorragende Kenntnisse als Agronom, Winzer und Fachmann für Weinbereitung. Zutiefst überzeugt davon, dass an der Nordküste des Schwarzmeergebietes Wein gedeihen würde, ließ er auf seinem Besitz die ersten 1000 Weinstöcke pflanzen. 1896 erhielten seine Weine auf der Agrarmesse in Novgorod die Goldmedaille.

D. Pilenko konnte allerdings die Früchte seiner Mühen nicht mehr ernten, er starb vorher.

Sohn Jurij, Jurist und stellvertretender Staatsanwalt am Kreisgericht Riga, übernahm das väterliche Anwesen, das bald zum Mustergut erklärt wurde. Seit 1899 Bürgermeister von Anapa, ernannte man ihn 1905 zum Direktor der Schule für Weinbau und zum Leiter des botanischen Gartens bei Jalta.

So wuchs Elisaveta in der Geborgenheit dieser Familie zusammen mit ihrem jüngeren Bruder heran und verbrachte in einer Landschaft von Meer und Sonne eine glückliche Kindheit. Später erzählt sie:
Als ich klein war, floh ich aus dem Haus und spazierte spät in der Nacht am Meeresufer entlang. In Anapa, wo ich meine Kindheit verbracht habe, gab es eine hohe Steilküste, buschiges Kraut; tiefer lagen die Felsen und die Wogen. Wie ich sie liebe, unsere Schwarzmeerküsten! Der Nordost bläst einem die Haare vom Kopf, pfeift in den Ohren. Das ist gut. Noch heute liebe ich den Wind am meisten.

Lisa wurde von allen als gläubiges Kind bezeichnet. Für ein Fresko ihrer Namenspatronin in der von ihrer Familie zu Anapa erbauten Kirche opferte sie ihre gesamten Ersparnisse. Oft sagte sie ihrer Mutter, dass sie Nonne werden oder als Pilgerin von Kloster zu Kloster ziehen wolle.

Die Familie war dem Oberprokurator des Heiligen Synod, Minister für Kirchenfragen K.P. Pobedonos-

cev, freundschaftlich verbunden, einer bedeutenden Persönlichkeit Russlands zwischen 1880 und 1905. Unter dem Titel »*Ein Freund meiner Kindheit*« berichtet Mutter Marie (so wurde Elisaveta später als Nonne genannt) in ihren Erinnerungen von ihren Beziehungen zu diesem fähigen, in der Politik sehr einflussreichen und sie stark bestimmenden Mann:
Ich nahm ihn weder als Staatsmann wahr noch als Ideologen der reaktionären Politik Alexanders III., sondern ausschließlich als Menschen. Pobedonoscev hatte Kinder sehr gern. Soviel ich urteilen konnte, liebte er alle Kinder vornehmer und einfacher Herkunft, jeder Nationalität, Jungen und Mädchen, unabhängig von den Beziehungen, die er zu ihren Eltern hatte.

Jedes Jahr, wenn die Familie ein oder zwei Monate bei der Großmutter in Petersburg weilte, traf sie auch mit ihrem Freund zusammen. Er brachte ihr Bücher und Spielzeug, unterhielt sich mit ihr und beantwortete ihre Briefe ohne zu zögern.

Als 1905 die Revolution ausbrach, erlaubte Lisas Vater den Studenten sich zu organisieren. Lisa hörte nun Begriffe wie »Republik, russische sozialdemokratische Partei, Partei der Sozialrevolutionäre, alle Macht dem Volke«.

Sie begann darüber nachzudenken, was Wahrheit sei. Auf der einen Seite stand ihr Vater, auf der anderen sozusagen symbolisch Pobedonoscev. Wer gab ihr die Garantie, dass sie im Recht sei, nur weil sie mit ihm befreundet war? Konnte denn das gesamte russische Volk irren?

Als sich im Frühjahr die Revolution wieder erhob, beschloss sie, ihn zu fragen:
Konstantin Petrovic, was ist Wahrheit?

Es war die Pilatusfrage, aber sie beinhaltete alles. Pobedonoscev verstand, wieviel Fragen in ihr verborgen waren und was in ihrer Seele vorging. Er lächelte und antwortete mit ruhiger Stimme:
Meine liebe Freundin Lisanka!
Die Wahrheit liegt natürlich in der Liebe. Aber viele glauben, die Wahrheit liegt in der Liebe für weit entfernte Menschen; Liebe zum entfernten Menschen ist keine Liebe.
Wenn jeder seinen Nächsten lieben würde, den Allernächsten, der sich unmittelbar neben ihm befindet, dann wäre die Liebe zum fernen Nächsten gar nicht nötig. Dies ist nicht nur eine Haltung, sondern bedeutet Selbstaufgabe, Bescheidenheit.

Sie beschloss, dass Pobedonoscev das Examen nicht bestanden hatte. Das war das Ende der Freundschaft mit diesem eine ganze Epoche prägenden Menschen.

Der frühe Tod des Vaters – Elisaveta war zu dieser Zeit 14 Jahre alt – erschütterte das heranwachsende Mädchen sehr.

Als Mutter Marie beschrieb sie später diese ihre Krise:
Die einzige Sache, die mich quälte, die Lebensfrage, auf die ich eine Antwort finden musste, war: Glaube ich an Gott? Gibt es Gott?

Dann kam die Antwort: Mein Vater starb. Die Gedanken, die in meinem Kopf herumtobten, waren sehr einfach: dieser Tod ist ungerecht. Es gibt also keine Gerechtigkeit. Und wenn es keine Gerechtigkeit gibt, dann gibt es auch keinen gerechten Gott. Und wenn es keinen gerechten Gott gibt, dann gibt es überhaupt keinen Gott. Ich hatte das Geheimnis der Erwachsenen aufgebrochen: Gott existiert nicht. Die Welt ist voll Elend, Bosheit und Ungerechtigkeit. Also war meine Kindheit beendet.

Der russisch-japanische Krieg, die Revolution, der Tod des Vaters hatten Elisaveta schnell erwachsen werden lassen.

STUDIUM IN ST. PETERSBURG

Die Familie übersiedelte nach dem Tod des Vaters nach Petersburg, wo sie Verwandte in der Umgebung des Zarenhofes hatte. Elisaveta war damals 14 Jahre alt und erhielt eine für höhere Töchter ungewöhnliche Ausbildung. Sie besuchte das Gymnasium:

Dann kam Petersburg, die dunklen Tage des Winters, das Lyzeum, das Heimweh. Ich schrieb Gedichte und träumte vom Tod. Als ich jung war, wollte ich immer sterben. Nach dem Tod meines Vaters machte ich eine stürmische Periode des Kampfes gegen Gott durch. Und dann wieder Gedichte, eine Sammlung von Gedichten...

Die Wahrheitsfrage hatte sie nicht vergessen, sie aber zugunsten der damals herrschenden Ideen gelöst. Es wird berichtet, dass sie einer Mitschülerin auf ihre Frage nach der Wahrheit des Lebens antwortete:
Die Wahrheit liegt im Erfurter Programm.
(Das Erfurter Programm war von der sozialdemokratischen Partei 1891 erarbeitet worden).
Sie hatte erkannt, dass Arbeiter Wissen benötigen, wollten sie ihre Situation verändern. Deshalb unterrichtete sie, obwohl noch Schülerin, in den Putilov-Werken. Sie vermittelte nicht nur mathematische und naturwissenschaftliche Kenntnisse.

Das junge Mädchen, dessen dichterisches Talent schon erwacht war, besuchte häufig avantgardistische literarische Zirkel. Die Hauptstadt des zaristischen

Rußland war einer der Brennpunkte der »russischen religiösen Renaissance« am Anfang des 20. Jahrhunderts.

Nachdem sie das Abitur mit einer Silbermedaille bestanden hatte, besuchte sie speziell für Frauen eingerichtete höhere Frauenkurse, die sogenannten Bestuzev-Kurse an der philosophischen Abteilung der historisch-philosophischen Fakultät.

Philosophie unterrichtete damals Semen Frank; er war Marxist. Wie viele seiner Zeitgenossen wurde er nach seiner Abkehr vom Marxismus Christ.

Ihren sozialen Ideen blieb sie treu, denn damals wünschten nicht nur die Arbeiter und einige Intellektuelle, sondern auch viele junge Adelige Veränderungen und Reformen. Darum begrüßten sie die Februarrevolution 1917 voller Begeisterung:
weil wir glaubten, endlich höre die Diktatur der Polizei und der Sicherheitsorgane auf, und es gäbe endlich Freiheit und Brüderlichkeit.

BEGEGNUNG MIT ALEKSANDER BLOK UND ERSTE EHE

Elisaveta hatte sich in Petersburg lange nicht einleben können. Sie litt unter dem Klima, dem Nebel im Herbst, den »weißen Nächten« im Sommer, die sie physisch viel grausamer empfand als die »schwarzen Tage« im Winter.
Die Familie bemühte sich, Lisa aus ihrer verzweifelten Lage zu befreien. Eine Cousine nahm sich ihrer an. Eines Abends besuchten beide eine Dichterlesung. Die sogenannten »Dekadenten« trugen aus ihren Werken vor. Dabei lernte sie 17-jährig Alexander Blok kennen, den wohl bedeutendsten Dichter der Symbolisten. Mit ihm liierte sie sich. In seinen Werken erkannte sie ihre Gefühle wieder. Sie meinte, er habe den »Schlüssel zu den Rätseln des Lebens« und könne ihr helfen, aber sie musste erfahren, dass er stärker litt als sie.

Die Begegnung fand ihren Widerhall in zwei Gedichten Bloks, die in seine gesammelten Werke aufgenommen wurden. Das bekannteste beginnt:

Wenn Sie an meinem Wege stehen,
so lebhaft und so schön, und doch so zerquält,
nur Kummervolles sprechen,
nichts denken als den Tod,
niemanden lieben
und die eigene Schönheit missachten.
Ich bin ein Dichter, ein Mensch,

der alles beim Namen nennt,
der den Duft von der lebenden Blume nimmt.
Soviel Sie sprechen über traurige Dinge,
soviel Sie nachdenken über Anfang und Ende –
ich kann es kaum glauben,
dass Sie erst 15 Jahre alt sind.
Ja, ich freue mich über Sie,
denn nur der Liebende hat das Recht,
Mensch genannt zu werden.

Eine letzte Begegnung mit Blok fand vor der Revolution 1917 statt. Blok fühlte sich ausgebrannt und leer, fand keine Antworten.
Beim Abschied äußerte er:
Wissen Sie, ich habe eine Bitte an Sie: Ich wüßte gern, dass Sie oft, sehr oft, fast täglich an meinem Fenster vorübergehen. Damit weiß ich, jemand wacht über mich, beschützt mich. Gehen Sie vorüber, werfen Sie einen Blick hinauf. Das ist alles.

Als Elisaveta 1921, schon auf der Flucht, die Nachricht von seinem Tod erhielt, kam zum Verlust der Heimat der schmerzliche Verlust eines ihr sehr nahe stehenden Menschen.

Mit 18 Jahren heiratete Elisaveta Dimitri Kouzmin-Karavaiev, einen jungen Juristen, der obwohl Sozialdemokrat und Bolschevik, nicht der Typ eines Revolutionärs war. Elisaveta träumte zwar davon, wirklichen Revolutionären zu begegnen:
Ich begegnete jedoch nur irgendwelchen Parteistudenten, die nicht ihr Leben opferten, statt dessen je-

doch viel über den Mehrwert, das Kapital und die Agrarfrage redeten. Das enttäuschte mich sehr. Ich konnte nicht verstehen, warum die politische Ökonomie faszinierender sein sollte als die Rechnungen, die unsere Köchin Annuška meiner Mutter vom Bazar heimbringt.

Ihr Mann führte den in intellektuellen Kreisen üblichen Lebenswandel:
Unser Tageslauf war lächerlich; wir standen ungefähr um 3 Uhr nachmittags auf und gingen in der Morgendämmerung zu Bett. Jeden Abend trafen wir uns in der Petersburger Gesellschaft oder im »Turm« bei Ivanov, wohin man vor 12 Uhr nachts nicht fahren durfte, oder in der Poetenzunft.

So nahm das junge Paar am gesellschaftlichen Leben teil, gehörte zur kultivierten Elite. Die Eitelkeit der Diskussionen in diesem Milieu endete indessen in Langeweile.
Was die »progressive Intelligenz« angeht, warf Elisaveta ihr vor, in unbestimmter Weise über die Revolution zu quatschen, ohne bereit zu sein, zu handeln oder das Leben für sie zu geben. Sie selbst entwickelte sich einem mystischen Populismus entgegen, hin zu einem Messianismus des Volkes und der russischen Erde.

1913 schrieb sie:
Ich bin für die Erde, für das einfache Volk Russlands... Ich verwerfe die Kultur einer entwurzelten Elite ohne Seele.

Für Elisaveta wie für Dostojevski war »die feuchte Mutter Erde«, als die Quelle des Lebens heilig.

Die Akademie durften Frauen nicht betreten. Die Professoren unterrichteten sie extern bzw. überließen ihr das Unterrichtsmaterial. Im Examen erhielt sie die besten Noten, einen akademischen Grad aber konnte sie als Frau nicht erlangen.

Nach dem Philosophiestudium erwachte in Elisaveta der Wunsch, ihre Kenntnis der orthodoxen Religion zu vertiefen. Sie wurde eine der ersten Frauen, wenn nicht gar die Erste, die Erlaubnis erstrebte, als Externe an den Vorlesungen der St. Petersburger Theologischen Akademie teilnehmen zu können.

Ihre erste Ehe war inzwischen zerbrochen. Nachdem ihre Tochter Gaiana geboren war, besiegelte eine Scheidung den endgültigen Bruch.

Ihr Mann Dr. Dimitri Kouzmin-Karavaiev konvertierte nach seiner Scheidung zur katholischen Kirche und wurde in der Emigration Jesuit und zum Priester der katholischen Kirche geweiht. Er wirkte 1926/27 für die russischen Emigranten in Berlin und trachtete intensiv nach der Einheit der Kirche.
Er starb im päpstlichen Kolleg »Russikum« in Rom, dessen Leiter er zeitweise war, am 16. März 1959.

Bürgermeisterin
während der Revolution

Als die russische Revolution ausbrach, verbanden sich in der russischen sozialistischen Partei nicht ohne eine gewisse Verwirrung der russische Populismus und die Ideen der abendländischen Demokratie. Der zynische Realismus der bolschewistischen Partei Lenins eliminierte die Mehrheit der sozialistischen Revolutionäre der ersten demokratisch gewählten verfassungsgebenden Nationalversammlung.

In der Flucht vor dem Bolschewismus zog sich Elisaveta in das familiäre Eigentum nach Anapa zurück. Dort trat sie der Partei der Sozialrevolutionäre bei: sie bildete die stärkste Partei in Russland.
Im November 1917 beteiligte sie sich an den Wahlen zur gesetzgebenden Versammlung, nachdem die Kerenskij-Regierung durch die Oktoberrevolution gestürzt worden war. Sie bekam 58% der Stimmen, während die Bolschewiken nur 25% erhielten.

Das Programm ihrer Partei hatte Elisaveta als Deputierte in Novorossijsk 1917 miterarbeitet. Es definierte nur ganz allgemein einen demokratisch-sozialistischen Wohlfahrtsstaat, so dass Lenin ein leichtes Spiel hatte, diese Gruppe, die zudem nicht einig und politisch unerfahren war, auszuschalten.

Im Januar 1918 kandidierte Elisaveta in Anapa für das Amt des stellvertretenden Bürgermeisters. Kurz nach ihrer Wahl dankte der erste Bürgermeister Morv ab und plötzlich lasteten die gesamte administrative Arbeit und die gesamten städtischen Finanzen auf ihren Schultern.

Dem Bürgerkrieg folgte die Machtübernahme durch die Sowjets, die zerstörten und plünderten.
Es gelang Elisaveta, die Krankenhäuser und Schulen vor der Plünderung zu bewahren. Als eine Matrosenbande Kriegssteuer verlangte, war sie die einzige vom gesamten Stadtrat, die den Mut hatte, diese zu verweigern.

Aber auch unter den Sowjets arbeitete Elisaveta mit dem Stadtrat zusammen als Kommissarin für Volksbildung und Gesundheitswesen. Das war zunächst legitim, denn die linken Sozialrevolutionäre wurden erst im Juni 1918 von Lenin aus der Mitarbeit der Regierung verdrängt. Von da an änderte die Partei ihr Verhalten und organisierte die Konterrevolution.

Als der bolschewistische Bürgermeister Protapov ermordet worden war, ging Elisaveta nach Moskau, um dort für die Partei zu arbeiten.

Im August 1918 eroberte die »Weiße Armee« Anapa. Im Herbst kehrte Elisaveta nach Anapa zurück und musste erfahren, dass inzwischen die »Weißen Truppen« eingezogen waren. Sie begab sich trotzdem zu ihrer Familie. Noch am Abend wurde sie verhaftet, der Kollaboration mit den lokalen Sowjets angeklagt und vor ein Militärgericht gestellt.

In ihren Erinnerungen schreibt sie:
Als ich im Oktober 1918 aus Moskau nach Hause zurückkehrte, schien mir, dass niemand die antibolschewistische Arbeit der Partei der Sozialrevolutionäre der ich angehörte, bezweifeln würde. Aber alles, was mich in Russland zu einer antibolschewistischen Arbeit getrieben hatte, schien auf dieser Seite der Front fast Bolschewismus zu sein und jedenfalls vom Standpunkt der »Weißen« Freiwilligen mehr als hinreichend kriminell und verdächtig.

Man warf Elisaveta vor, während ihrer Amtsperiode als Bürgermeisterin die Enteignung des Sanatoriums in Latipak initiiert zu haben. Viele, mit denen sie zusammengearbeitet hatte, waren schon hingerichtet worden. Ihr Prozess war bei der Spionageabwehr angesiedelt, so dass sie nach den neuen Gesetzen mit einer Strafe von drei Rubeln oder mit der Todesstrafe rechnen konnte. Sie war damals erst 27 Jahre alt.

Elisaveta erhielt nur eine symbolische zweiwöchige Haftstrafe. Sowjetische Biographen erklären das Urteil damit, dass der Vorsitzende des Tribunals, der weißgardistische Offizier Skobtsov, sich in die Angeklagte verliebt hatte. Das dürfte aber nicht der entscheidende Grund für das milde Urteil gewesen sein. Obwohl es schwierig war, konnte Elisaveta das Gericht in einer kenntnisreichen Verteidigungsrede davon überzeugen, dass sie verleumdet worden war.

Außerdem hatten so angesehene Literaten wie Maximilian Volosin, Aleksej Tolstoi, Leonis Großmann und Vera Inber sich mit einem Brief an die Öffentlichkeit gewandt und die Befreiung der Kouzmina Karavaeva, der Lyrikerin, Denkerin, Philosophin und ersten russischen Frau, die eine geistliche Akademie absolviert hatte, gefordert. Für die Inhaftierte setzte sich auch Metropolit Platon ein, ein angesehener Hierarch und ehemaliges Konzilsmitglied, der vom Februar 1918 bis zu seiner Emigration 1920 in Cherson und Odessa amtierte.

Zweite Ehe und Flucht

Nach ihrer Amnestie heiratete Elisaveta das Mitglied der Regierung im Kuban, den Offizier Daniil Skobtsov, den Vorsitzenden des Tribunals, das sie verurteilt hatte.

Ohne auf ihr sozialistisch-revolutionäres Ideal zu verzichten nahm Elisaveta am Kampf ihres Mannes gegen den Bolschewismus teil. Die Ungewissheiten des Bürgerkrieges aber trennten das Paar, bis schließlich nach der Niederlage der »Weißen Armeen« das Exil der einzige Ausweg blieb.

Obwohl Mutter und erneut Ehefrau, verließ Elisaveta das Gefühl nicht, vom Schicksal zu anderem auserwählt zu sein. Schon 1916 hatte sie in der Gedichtsammlung »Ruf« geschrieben:

> *Für mich gilt nicht der Traum*
> *vom wackren Gatten,*
> *vom Leben einer jungen Frau,*
> *wie andere es träumen.*
> *Mit jedem Schritt lastet*
> *ein unheilvolles Kreuz*
> *auf meiner Schulter.*

Zunächst flüchtete die hochschwangere Elisaveta mit ihrer Mutter und ihrer Tochter Gaiana aus der ersten Ehe. Sie erreichten in Novorossijsk den letzten Dampfer. Man hatte Tiflis als Zufluchtsort gewählt, weil

die Mutter dort Freunde hatte, die helfen würden. Skobtsov versprach nachzukommen. Die Reise endete mit einer Enttäuschung, da die Freunde Tiflis längst verlassen hatten.
Wenigstens konnte Elisaveta ihren Sohn Youri in einer einigermaßen geordneten Umgebung zur Welt bringen.

Eine Nachricht von D. Skobtsov veranlasste Elisaveta, mit den Kindern nach Konstantinopel überzusiedeln, wo die Familie wieder zusammenfand.

Ein Jahr später kam Anastasija, nun schon in Jugoslawien, zur Welt.
Auch hier wurde die Lage wegen der vielen Flüchtlinge immer schwieriger, man musste weiterziehen.

Anfang 1923 erreichte die Familie endlich Paris, die letzte Station in ihrem Emigrantenleben; Paris war damals zur Hauptstadt des »Russland ohne Grenzen« d.h. der russischen Emigranten geworden.

So endete diese Periode der Suche nach Wahrheit und Gerechtigkeit (pravda) für Elisaveta mit einer Enttäuschung. Niemand konnte während der Revolution ahnen, dass die politische Entwicklung eine demokratische Arbeit zum Wohle des Volkes nicht zulassen würde.

Anapa selbst, die Stadt, die Elisaveta seit ihrer Kindheit geliebt hatte, wurde 1942/43 von der deutschen Armee zerstört, fast zur gleichen Zeit, da sie selbst -

als Mutter Marie - in Paris von der Gestapo verhaftet und nach Deutschland deportiert wurde, um dort umgebracht zu werden.

Der Tod des Kindes

Die Skobtsovs lernten in Paris die schwierige Lage derer kennen, die man offiziell die »Staatenlosen« nannte. Sie lebten in Armut, in vollständiger Unsicherheit, und teilten das Leben mit vielen anderen. Es galt, das Überleben zu sichern. Elisaveta nähte und fertigte Puppen zum Verkauf. Nachdem ihr Mann als Taxichauffeur arbeiten konnte, besserte sich die Lage ein wenig, da nun ein regelmäßiges Einkommen von einigen Francs sicher war.

Aber alle materiellen Schwierigkeiten traten in den Hintergrund durch die Tragödie der Krankheit und des Todes von Tochter Anastasija im Winter 1923/24. Eine Meningitis war zu spät diagnostiziert worden und führte zu einem langen Todeskampf.

Der Tod des Kindes, dessen Name »Auferstehung« bedeutet, brach das Herz der Mutter. Aber paradoxerweise war Elisaveta so offen, dass der lebendige Gott, an den sie seit dem Tod ihres Vaters aufgehört hatte zu glauben, aufs Neue in ihr Leben einbrach. Sie erlebte die Katastrophe als eine geheimnisvolle göttliche Heimsuchung, zugleich als eine Vorwegnahme des Letzten Gerichts.
Nahe bei ihrem toten Kind, schrieb die Mutter:
Ich habe den Sinn des Wortes Reue nie gekannt, doch jetzt muss ich meine eigene Nichtigkeit erkennen. Neben Nastja fühle ich, wie meine Seele während meines bisherigen Lebens auf Nebenwegen gewandelt ist.

Jetzt will ich mich auf dem klaren Weg, auf der gereinigten Straße engagieren, nicht weil ich an das Leben glaube, sondern um den Tod zu rechtfertigen, zu verstehen und anzunehmen.

Später schrieb sie zu diesem Ereignis:
Im Tod eines geliebten Menschen öffnen sich plötzlich Türen in die Ewigkeit. Das ganze natürliche Leben ist erschüttert. Alle Hoffnungen, Pläne, Gewohnheiten, Berechnungen versinken im Schlund des Grabes, auch das Wichtigste: der Sinn des Lebens. Wenn das so ist, dann muss alles überprüft werden, alles im Hinblick auf Vergänglichkeit und Lüge gesehen werden. Die Menschen nennen das Heimsuchung Gottes. Durch seinen Besuch enthüllt der Herr uns die wahre Natur der Dinge: einerseits das tote Skelett eines menschlichen Wesens und aller Schöpfung, sterblich wie sie ist, gleichzeitig den Feuergeist, den Lebensspender, den Tröster, der verzehrt und alles erfüllt.
Die Menschen sagen: Die Zeit heilt - aber sollte man nicht ehrlicherweise sagen: sie tötet? - und stellt langsam das Gleichgewicht wieder her. Die Seele erblindet erneut. Die Türen der Ewigkeit schließen sich.

Elisavetas Leben nahm eine Wendung. Diese innere Erschütterung brachte ihr zu Bewusstsein, dass ihre Ehe mit Daniil Skobtsov nicht die Erfüllung brachte, die sie erwartet hatte. Zu verschieden waren die Auffassungen der beiden Ehegatten. Die Bande zwischen ihr und ihrem Mann lockerten sich: sie beobachteten ihre Liebesbeziehung genau und trennten sich 1927.

EIN DIAKONISCHES AMT

Die revolutionären Ereignisse des Jahres 1917 hatten viele russische Studenten in alle Welt zerstreut. In Europa sammelten sie sich besonders in Belgrad, Sofia, Prag, Berlin, Paris. Es blieb nicht aus, dass man sich in Zirkeln zusammenfand. Diese Gruppen hatten eine unterschiedliche Entwicklung genommen. Einige waren von der vorrevolutionären Studentenbewegung geprägt, andere durch den »christlichen Verein junger Männer« (YMCA). Das führte zu Spannungen.
Im Oktober 1923 bekamen die verschiedenen Gruppen in Prerov (Tschechoslowakei) die Möglichkeit zusammenzukommen. Die Prager hatten die Hauptlast der Vorbereitung getragen. Hier wirkten vor allem Persönlichkeiten aus der vorrevolutionären Studentenbewegung, die nach protestantischem Vorbild in Morgenandachten und Bibellesung den Mittelpunkt geistlichen Lebens sahen. Die interkonfessionelle Ausrichtung bewirkte nach Ansicht der anderen ein niedriges geistliches Niveau. In Prag wagte man z.B. nicht, Ikonen aufzuhängen, weil Andersgläubige daran Anstoß nehmen könnten.

In der Auseinandersetzung auf der Tagung kam man überein, die Eucharistie in den Mittelpunkt der Treffen zu stellen, wenn mehrheitlich orthodoxe Teilnehmer anwesend seien. Vater Sergej Bulgakov, Nikolaj Berdjaev und V. Zenkovskij unterstützten von Beginn an die orthodoxe Richtung. Bei der Begegnung in Prerov trug diese Richtung den Sieg davon, sicher nicht, weil sie in Vater S. Bulgakov einen intellektuellen Streiter, sondern weil sie einen geistlichen Führer fand. Unvergesslich waren allen Teilnehmern die von Vater Sergej zelebrierten Liturgien und Beichtgottesdienste.

N. Zernov vermerkt dazu:

In Prerov siegte nicht nur die orthodoxe Richtung, es fand auch eine Versöhnung zwischen zwei Generationen der russischen Intelligenz statt und zwar zwischen den Führern, die am Vorabend der Revolution Christen geworden waren, und den Studenten, die erst während des Bürgerkrieges oder in der Emigration zur Kirche gefunden hatten. Beide Seiten kannten bisher einander nicht.

Auf der Sitzung 1924 formulierte Vater Sergej Bulgakov die Ziele der Bewegung:

Unsere historische Aufgabe, die durch unsere Bewegung gegeben ist, besteht darin, dass wir aus der Welt in die Kirche gehen und mit der Kirche leben und trotzdem in der Welt bleiben, für die Welt arbeiten und sie verändern. Und wir glauben, dass uns diese Aufgabe von Gott aufgetragen wurde und auch die kommenden... uns zur schöpferischen Verwirklichung gegeben werden, damit wir in der Folge der Ereignisse den Willen des Herrn begreifen und diesen mit ganzer Liebe und Hingabe ausführen.

Elisaveta engagierte sich in der »christlichen Aktion der russischen Studenten« (ACER), einer Jugendbewegung, die sich spontan aus dem Herzen der russischen Emigration entwickelt hatte. ACER war eine Bewegung in der orthodoxen Kirche, deren Aktivität sich aus der Feier der eucharistischen Mysterien nährte. Aber die »Bewegung« lebte auch von den Anregungen der russischen religiösen Renaissance vom Anfang des Jahrhunderts, die den im 19. Jahrhundert unterbrochenen Dialog zwischen der Intelligenz und der orthodoxen Kirche erneuerte. Große Intellektuelle wie der Wirtschaftswissenschaftler Serge Boulgakov und der freiheitliche Philosoph Nicolas Berdiaev erfuhren eine wirkliche Bekehrung. Diese »großen Konvertiten«, deren Glaube durch die Prüfung des Zweifels gehen musste, wurden Anreger einer Jugend, die im Exil danach strebte, das »Leben zu verkirchlichen«, d.h. es in seinen sozialen und persönlichen Bereichen vom Licht Christi durchdringen zu lassen.

Der Priester Sergej Boulgakov unterrichtete Dogmatik am Theologischen Institut Saint Serge, das 1925 in Paris gegründet wurde. Er wurde als orthodoxer Bekenner der »geistliche Vater« Elisavetas. Sie verband sich gleichermaßen mit anderen glänzenden Vertretern dieser neuen christlichen Intelligenz: N. Berdiaev, G. Fedotov (Kirchenhistoriker), C. Motchoulski (Biograph Gogols und Dostojevskis).
Ein besonderer Platz kam in diesen Beziehungen Ilya Foundaminski - Boulgakov zu, einem sozialistischen Revolutionär wie Elisaveta, jüdischen Ursprungs, aber Christ in seinem Herzen.

Es war verständlich, dass Elisaveta um 1928 als theologisch gebildete Frau von der Bewegung ACER als Sekretärin gewählt wurde, mit der Verpflichtung, die russischen Studentengruppen zu besuchen, die sich in den verschiedenen französischen Universitätsstädten gebildet hatten, und Konferenzen in Lyon, Marseille, Toulouse und Straßburg zu halten.

Sie bemerkte sehr schnell, dass sie sich in dem universitären Milieu nicht entfalten konnte. Immer häufiger wandte sie sich auch den Industrieregionen zu, den Arbeiterstädten, wo russische proletarisierte Emigranten Arbeit in den Minen, an den Hochöfen, in der wachsenden Chemieindustrie gefunden hatten. Das Elend in den Provinzen war unvorstellbar. Unter widrigsten Umständen lebten z.B. die Bergleute in den Pyrrhenäen.
Im Laufe ihrer Reisen entdeckte sie chronisch kranke Russen: Tuberkulöse, Alkoholiker, die keiner wollte, Russen, die man in psychiatrischen Krankenhäusern nicht versorgen konnte, weil wegen fehlender gemeinsamer Sprache die Kommunikation mit ihnen unmöglich war.

Ihre Berufung, so verstand sie immer besser, war es nicht, glänzende Konferenzen zu halten, sondern vertrauliche Mitteilungen anzuhören, zu trösten und manchmal, wenn möglich, konkrete Hilfe zu bringen.
Natürlich wurde Elisaveta oft feindlich aufgenommen, aber ihre offene Art zuzupacken, wobei sie sich nicht scheute, den Boden zu wischen und Dreck zu fegen, ließ das Eis schmelzen:

Wenn ich mit der Arbeit fertig war, ließen sie mich am Tisch Platz nehmen, brachten das Essen herein, und wir begannen miteinander zu sprechen.

Auf dem Weg zum Bahnhof gestand ihr ein Arbeiter, dass ihr Kommen ihn vor dem Selbstmord bewahrt habe. Sie ging sofort zurück, packte seine Sachen und brachte ihn zu Freunden, wo er wieder zu sich selbst finden konnte.

Zahllos war die Menge der Hilfsbedürftigen. Eine weniger starke Persönlichkeit hätte vor der Aufgabe wahrscheinlich resigniert.
Elisaveta aber schrieb:
Ich verstand, warum die Ergebnisse so unvollkommen waren. Jeder von ihnen verlangt dein ganzes Leben, nicht mehr und nicht weniger. Und sehr schwer ist es, sein ganzes Leben irgendeinem Trinker oder Behinderten zu geben.

Eines der Gedichte dieser Zeit spricht von der Entdeckung ihrer neuen Berufung:

Was bedeutet mir gewandte Intelligenz?
Was bedeuten mir die Worte der Bücher,
wenn ich vor allem das tote Gesicht
der Verzweiflung, des Heimwehs,
des Selbstmords sehe?

O Gott, warum gibt es keine Zuflucht?
Warum so viele Verlassene und Waisen?
Warum das Irren deines bitteren Volkes

in der unendlichen, ewigen Wüste der Welt?
Ich will die Freude des Gebens nicht kennen.
Oh, mit dem ganzen Wesen
den Schmerz der Welt trösten!
Oh, dass das Feuer,
der Schrei der blutenden Morgenröte,
sich mischten mit den Tränen des Mitleids!

In dieser Zeit bahnten sich für sie entscheidende Veränderungen an. Im Jahr 1931 spürte sie bei einer Reise plötzlich die Gegenwart Gottes, der ihr, wie sie es später in einem Gedicht formulierte, zurief:

Geh, lebe mit den Landstreichern, den Armen
und knüpfe einen Knoten,
der sich nicht mehr löst,
der dich mit ihnen verbindet,
die Welt aber mit mir.

Immer stärker fühlte sie sich zum monastischen Leben hingezogen. War ein solches Leben für sie möglich, da sie doch zweimal verheiratet war, und ihr Mann Skobtsov noch lebte? Auch ihr erster Mann Kouzmin-Karavaiev lebte noch.
In dieser für sie schweren Zeit begleiteten ihren Weg und ihre geistlichen Entscheidungen zwei außergewöhnliche Menschen, der schon erwähnte Vater S. Bulgakov und der Metropolit Evlogij.

Nach dem orthodoxen Kirchenrecht ist eine Scheidung möglich, wenn ein Partner den Mönchsstand anstrebt und der andere dies erlaubt.

In der Tat versah Elisaveta längst das Amt einer Diakonissin oder einer »geistlichen Mutter«, ohne den Titel zu tragen. Nach den Konferenzen drängten sich die Leute, um sie von Angesicht zu Angesicht zu sprechen. Es geschah, dass man vor ihrer Wohnung Schlange stand. Alleingelassene Männer und Frauen erzählten ihr ihr Leben und ließen sie an ihren intimen Dramen teilnehmen. Sie erkannte:

Eine große Versuchung liegt in der missionarischen Aktion. Es gibt die Kirche, das Evangelium, aber um Ivan oder Marie dorthin zu führen, hat Gott mich nötig. Ist es nicht so, dass ich mir eine zu große Idee von mir selbst mache?

So wuchs in ihr der Wunsch nach einem offiziellen kirchlichen Mandat. Als sie gläubig geworden war, erhielt sie von ihrem Bischof zwar die Erlaubnis, nach Beendigung des Gottesdienstes zu predigen, wenn sie die Gemeinden in der Provinz besuchte. Aber darüber hinaus strebte sie nun die Weihe einer Totalhingabe an Gott an; sie dachte daran, sich durch monastische Gelübde zu binden.

Dieser Wunsch stieß indessen auf viele Hindernisse. Für viele traditionelle Orthodoxe war ihre Vergangenheit, ihr politisches Engagement und vor allem ihre beiden Ehen unvereinbar mit dem Eintritt in einen Orden.
Es gab aber einen Kanon der »Novelles« des Kaisers Justinian aus dem 6. Jh., der die Ehescheidung in dem Fall erlaubt, wenn einer der Partner mit dem

Einverständnis des anderen das monastische Leben ergreifen will.

Ihre Ehe mit dem zweiten Mann Daniil Skobtsov wurde am 7. März 1932 kirchlich geschieden. Es war der 6. Todestag Nastjas. Daniil Skobtsov hatte nicht ohne Großmut sein Einverständnis gegeben. Eine Zivilscheidung wurde nicht eingereicht, da dies nicht von Bedeutung war. Sie wäre nur nötig gewesen, wenn Skobtsov eine neue Ehe hätte eingehen wollen.

Indem er sich auf diese Übereinkunft und auf den Kanon Justinians bezog, glaubte der Metropolit Eulogios, der geistliche Leiter der russisch-orthodoxen Pfarreien in Westeuropa, dem Wunsch Elisavetas nachkommen zu können.

Ein Mönchtum, offen auf die Welt hin

Elisavetas Eintritt in das monastische Leben war nicht unumstritten.
Die Zeremonie der monastischen Profess fand im März 1932 in der Kirche des Instituts der orthodoxen Theologie Saint Serge statt. Der Metropolit Evlogiy selbst stand der Feier vor und gab der neuen Nonne den Namen Marie im Gedenken an die große Büßerin, die heilige Maria von Ägypten, die im 5. Jh. ein Leben der Buße und Gottsuche in der Wüste geführt hatte und in der orthodoxen Kirche hoch verehrt wird. Vielleicht sah er in dieser neuen Marie die Erneuerin eines traditionellen weiblichen Mönchszweiges, dessen Fehlen er in dem kirchlichen Raum, den er leitete, beklagte.
Andere wie N. Berdiaev und Pater Lev Gillet fürchteten, dass der Ordenshabit, mit dem Marie bekleidet wurde, sie hindere, ihre wahre Berufung zu verwirklichen.
Freunde, die ihre rebellische Art kannten, konnten ihre Entscheidungen nicht begreifen und blieben aus Protest der Profess fern.

Nur für eine kurze Zeit war ihr das Zimmer, das sie im theologischen Institut erhalten hatte, als Zelle genug.

Im Lauf des Sommers, der ihrer monastischen Profess folgte, besuchte Mutter Marie verschiedene weibliche monastische Kommunitäten in den Baltischen Staaten, in Litauen und Estland, alten Provinzen des russischen Reiches, wo es ein reguläres und traditionelles monastisches Leben klassischer Art gab. Auf dieser Reise wurde sie mehr als je zuvor davon überzeugt, dass diese traditionellen Formen der Situation der russischen Emigranten in Westeuropa nicht angemessen waren. Sie schienen ihr veraltet, von einem bürgerlichen Geist verseucht, in dem sie den Antipoden des Radikalismus authentischer monastischer Berufung sah.

Für viele Frauen glaubte sie feststellen zu müssen, dass das Mönchtum dort mit dem Wunsch zusammenfiel, sich in einer gesicherten geistlichen Familie zu befinden. Das Kloster wurde angesehen als ein Zufluchtsort, die monastische Kommunität als eine Familie, wo man sich wohlfühlt, unter sich ist, im Warmen, geschützt durch hohe Mauern vor der Hässlichkeit und dem Elend der Welt.

Diese Auffassung, so dachte sie, könnte zu der Härte anderer Epochen passen, wir aber leben in einer apokalyptischen Zeit, einer Art Ende der Welt.

Man darf nicht vergessen, dass diese Vorahnung im Kontext der 30er Jahre steht: denen des Sieges des Faschismus, des Aufstiegs des ekelhaften Tieres. Aber darüber hinaus entdeckte Mutter Marie unter dem Einfluß von Lev Gillet die eschatologische Dynamik des frühen Christentums. Sie träumte von einem kreativen Mönchtum, erneuert in Antwort auf den Ruf, der in den Zeichen der Zeit entziffert wird:

gelebtes Mönchtum nicht in der Wüste oder hinter schützenden Mauern, sondern in der Welt – Feuer und leuchtende Kohlenglut mitten in der Stadt, wie es der große russische Theologe Alexander Boukharev wollte.

Obwohl man es nach solcher Klage nicht vermuten würde, aber Mutter Marie setzte sich intensiv mit den Ideen des Mönchtums auseinander.

Seit ihrer Jugend sozial engagiert, hatte sie andere Ansichten von der Hingabe an Gott: Ihre Vorstellungen vom Mönchtum beruhten nicht auf einem falsch verstandenen klassischen Ideal, sie wurden aus anderen Wurzeln gespeist.

Sie war u.a. von Soloviev beeinflusst und dem »Jurodstvo«, dem Narrentum um Christi willen. Dazu gehört neben der materiellen Besitzlosigkeit die völlige Armut im Geiste.
Durch diese Art der Askese versucht der Mönch seine gefährliche Eitelkeit zu überwinden: mit vorgetäuschtem Wahnsinn oder sittlicher Provokation will er erreichen, von den Menschen verachtet zu werden.

Von den Schriften Elisavetas trägt eine den bezeichnenden Titel *»Im Zeichen des Untergangs«,* in der sie schonungslos mit einer falsch verstandenen Art des Klosterwesens abrechnet. Gerade weil in der Emigration nie orthodoxe Klöster existierten, sah sie darin die Chance, das monastische Leben den modernen Erfordernissen anzupassen. Sie verfolgte neue Wege und Visionen.

Das kommt besonders in einem Gedicht aus den frühen 30er Jahren zum Ausdruck:

Ich suchte nach Denkern und Propheten,
die auf den Stufen der Leiter stehen,
die zum Paradies führt,
fähig, die Zeichen des Untergangs zu lesen,
der über unseren Verstand geht.
Sänger der Lieder suchte ich,
die wir nicht begreifen.
Und ich fand Menschen, die ruhelos waren,
verwaist, betrunken, verzweifelt und nutzlos,
verirrt auf allen Wegen dieser Welt,
ohne Heimat, hungrig ohne Brot.
O schicksalhaftes Band,
es gibt keine Prophetien:
einzig prophetisch ist nur unser Leben.
Es naht das Ende, kürzer werden die Tage,
und deine Dienerin sagt ja dazu
und singt Hosianna.

An die Mönche und Nonnen glaubte Mutter Marie diesen Appell richten zu müssen:

Öffnet eure Türen den Dieben ohne Wohnung, lasset die Welt eintreten. Lasset eure großartigen liturgischen Gebäude zerstören. Erniedrigt euch, leert euch - eine Erniedrigung, nicht zu vergleichen mit der un-

seres Gottes. Übernehmt das Gelübde der Armut in seiner ganzen grausamen Härte. Werft alle Bequemlichkeit fort, selbst die monastische. Mögen eure Herzen geläutert sein durch das Feuer, so dass sie alle Bequemlichkeit zurückweisen. Dann könnt ihr sagen: Mein Herz ist bereit, mein Herz ist bereit.

Für alle galt, das evangelische Gleichnis vom letzten Gericht ernstzunehmen und sich von Mutter Marie ermahnen zu lassen:

Der Weg zu Gott führt durch die Liebe zum Nächsten, und es gibt keinen anderen Weg.

Ein Haus, offen für alle

Der Beginn des Jahres 1930 war für Frankreich von einer ernsten Wirtschaftskrise gekennzeichnet. Die russischen Emigranten waren oft die ersten Opfer.
Mutter Marie entschied, Häuser zu öffnen oder wenn nur wenig Platz da war, alle die kamen, aufzunehmen als Brüder und Schwestern. Sie hatte kein Geld, aber sie dachte, wie der Apostel Petrus könnte sie über die Wellen gehen, wenn sie nur die Augen fest auf Jesus gerichtet hielt:
Zu einem Freund sagte sie:
Das macht nichts, wir müssen auf dem Wasser wandeln. Schließlich hat das auch der hl. Petrus getan und ist nicht ertrunken. Natürlich ist es sicherer, auf dem Landweg um das Wasser zu gehen, aber vielleicht wird man dann sein Ziel nie erreichen.

Das Haus war bald ein gesuchter Mittelpunkt. Um Platz zu schaffen, gab Mutter Marie ihr eigenes Zimmer auf. Sie lebte im Heizungskeller zusammen mit einer Ratte, die dort ihr Loch hatte. Die Ratte war natürlich zahm. Auch im Zusammenleben mit einer solchen Kreatur offenbart sich das »Narrentum um Christi willen«.

Die russische Nonne mit dem breiten Lächeln, frisiert wie der Teufel, ihr Kleid trug die Spuren ihrer letzten Arbeiten, die sie in der Küche getan hatte oder die von der Malerei stammten, wurde schnell eine volkstümliche Gestalt.

In der Rue de Lourmel - wie man familiär sagte - lebten zwei oder drei Schwestern, ein Priester, der Kaplan des Hauses, aber auch der Theologieprofessor de Saint Serge, Arbeitslose ohne Hilfe, russische Straftäter, die nach Beendigung ihrer Strafe nicht wussten, wohin sie gehen könnten, Internierte wie geistig Kranke, die Mutter Marie aus dem psychiatrischen Krankenhaus geholt hatte, indem sie sie für gesund oder wenig gefährlich erklärt hatte. Man fand dort auch junge Frauen, die Mutter Marie der Prostitution zu entreißen versuchte, und gelegentlich Artisten und Tänzer der russischen Oper oder Mitglieder eines katholischen gregorianischen Chors.

Eine Kapelle war im Hof eingerichtet, geschmückt mit gemalten oder gestickten Ikonen von Mutter Marie, die feenhafte Hände hatte. Die liturgischen Gottesdienste wurden regelmäßig von dem Priester des Hauses gehalten. Dieses Amt nahm mehrere Jahre lang Pater Lev Gillet wahr, ein Mönch französischen Ursprungs, der Mutter Marie liebte und unterstützte, der auch manchmal ihr Inspirator war. Er verließ Frankreich 1938 und wurde von einem jungen verheirateten Priester, Pater Dimitri Klépinine, ersetzt.
Mutter Marie schmückte ihre Kapelle mit Liebe, aber sie ertrug schlecht die langen byzantinischen Gottesdienste, bei denen sie sich langweilte und an denen sie nur unregelmäßig teilnahm.

Sie hatte so viel zu tun. Sie war es, die die Küche besorgte und einkaufte. Am frühen Morgen war sie in den »Hallen«, wo sie die Kaufleute, die sie kannten, zum niedrigsten Preis bedienten und ihr leicht verderbliche Produkte kostenlos gaben.

Dank den Spenden (ihr wurde oft von anglikanischen Freunden geholfen) gelang es ihr, ein erstes Haus an der 9 Villa de Saxe, im 7. Arrondissement zu erwerben. Als sich das als zu klein erwies, kaufte sie ein verfallenes Gebäude in der Rue de Lourmel im 15. Arrondissement.

Groß war die Obdachlosigkeit unter den Emigranten. Das brachte viele Schwierigkeiten mit sich. Ohne festen Wohnsitz bekam man keine Arbeit, ohne Arbeit keine Wohnung. Man konnte auch keine staatlichen Beihilfen beantragen und war allein auf private Organisationen angewiesen. Hier sah Mutter Marie ihre Aufgabe. Sie wollte wenigstens einigen Flüchtlingen ein Zuhause bieten.

Unter den zahlreichen Besuchern, die die Rue de Lourmel und ihre strahlende Persönlichkeit anzog, war eines Tages Trotzki. Nachdem er die Kämpfe und die letzten Widerstände von früher heraufbeschworen hatte, sprach er von der Zukunft, die er sehr düster sah, verbunden mit einem unaufhörlichen Krieg.
Zu Mutter Marie sagte er:
Du musst in die neue Welt kommen, wenn du dem Gefängnis und dem Tod entfliehst.

Und als sie ihm lächelnd antwortete, dass nichts anderes zähle als der Dienst an den Armen und der Wille Gottes, bat er sie ein letztes Mal:
Sag mir in Erinnerung an die Vergangenheit, kann ich irgendetwas für dich tun?

Nun gut! Dann geh und bezahle die Rechnung beim Kohlenhändler, antwortete sie.

Und Trotzki bezahlte in der Tat die bemerkenswerte Rechnung, denn Mutter Marie nahm oft Waren auf Kredit an, um die armen Leute zu wärmen und nicht nur die aus der Rue de Lourmel.
Gott hat ihn gerettet wegen der Kohle, bemerkte Mutter Marie mit etwas Boshaftigkeit und erinnerte sich ihrer eigenen Projekte während der Revolutionszeit.

Es kam vor, dass sie die Nacht in den Cafés oder den Bistros in der Nähe der »Hallen« verbrachte, wo um einen Tisch die Clochards vor sich hinträumten. Sie sprach mit ihnen, sie lud sie ein, besonders die von allen im Stich gelassenen Russen, zu ihr zu kommen und bemühte sich, ihre Probleme zu lösen.

Pater Gillet, der sie oft auf diesen Wegen begleitete, hob in einer Unterhaltung das Charisma von Mutter Marie hervor: die Art ihres Zuhörens, ihr enormes Mitleid mit den Sündern, ihre Achtung vor den Ärmsten, den Gedemütigten, um derentwillen sie sich berufen fühlte; denn der Herr hatte ihr gesagt:

Geh und lebe
mitten unter den Vagabunden und Armen.
Zwischen ihnen und dir,
zwischen der Welt und mir
ist ein Band entstanden,
das nichts zerreißen kann.

Mutter Marie war Diakonisse, ohne den Titel zu tragen. Sie blieb nicht weniger eine typisch russische Intellektuelle.

Es kam vor, dass sie, mit dem Ordenshabit bekleidet, in der Öffentlichkeit rauchte, was schockierte und ihr ernste Kritik einbrachte. Als wirkliche Sozialarbeiterin liebte sie es indessen, theologische oder philosophische Probleme zu diskutieren, oft bis tief in die Nacht hinein.

Die religiöse philosophische Akademie, die Berdiaiev gegründet hatte, traf sich in ihrem Haus, und Mutter Marie nahm an den Sitzungen teil. Sie träumte nicht nur von Propheten, die die Zeichen der Zeit verstehen und versuchen, darauf Antwort zu geben; sie war selbst erfüllt von großen Visionen, denen sie Gestalt geben wollte.

In einem Vortrag vor dem zentralen Sekretariat der russischen christlichen Studentenbewegung in Boissy 1935 legte sie ihren Plan dar, in Paris ein »orthodoxes Städtchen«, einen »orthodoxen Verband des Dienstes an der Welt« zu schaffen. Nach ihrer Meinung erforderte der soziale Auftrag die Entfaltung der

Arbeit in drei Richtungen: auf rein missionarischem, sozial-missionarischem und karitativ-missionarischem Gebiet.

Sie selbst schuf mit einigen Freunden 1935 die orthodoxe Aktion: Das war gleichzeitig ein Organismus, der ihre sozialen Aktivitäten, die sich vervielfachten, verwaltete und koordinierte.
So gab sie eine Illustrierte heraus, »Novyi Grad« (Die neue Stadt), die religiöse Themen, aber auch soziale und politische Probleme in einem Geist ökumenischer Offenheit behandelte.

Mutter Marie schloss sich in ihr Zimmer ein und tippte vom Morgen bis zum Abend ihren Artikel: »Die Mystik der menschlichen Gemeinschaft«:
Das ist das Thema meines Lebens; warum hat man in so feiner, detaillierter Weise die Etappen des spirituellen Aufstiegs zu Gott beschrieben? Warum hat man so unzählige Führer und Abhandlungen über die Gemeinschaft mit Gott verfasst, dagegen nichts über die Gemeinschaft unter den Menschen? Indessen führt der Weg zu Gott über die Liebe zum Menschen, und es gibt keinen anderen Weg.
Der Mensch ist als Bild und Gleichnis Gottes geschaffen, er ist der Tempel des Heiligen Geistes, die unzerstörbare Ikone der Gottheit. Die Gemeinschaft unter den Menschen ist ein großes Geheimnis.
Im letzten Gericht wird man mich nicht fragen, ob ich mit Erfolg die Übungen der Aszese gemacht habe, wie oft ich die Knie gebeugt und mich niedergeworfen habe. Man fragt mich, ob ich die, die Hunger

hatten, gespeist, ob ich die, die nackt waren, gekleidet, ob ich die Kranken und Gefangenen besucht habe. Und man wird mich nichts als das fragen. Von jedem Bettler, jedem Hungrigen und Gefangenen sagte der Erlöser »Ich«. »Ich war hungrig und durstig, ich war krank und im Gefängnis«. Denkt daran, er hat das Gleichheitszeichen zwischen jeden Unglücklichen und sich selbst gesetzt. Ich habe es immer gewusst, aber jetzt hat es mich durchbohrt. Das ist schrecklich.

Zwei Jahre später legte sie Rechenschaft über ihre Arbeit ab:

Heim für Frauen in der Rue de Lourmel 77 – Sie hatte das neue Haus erworben, nachdem das erste für ihre Arbeit nicht ausreichte. In diesem Heim erhielten 25 Frauen gegen ein minimales Entgelt eine Unterkunft und Verköstigung. Sieben oder acht Personen gehörten zum Personal, zu den Mitarbeitern. Lourmel wurde zum Hauptsitz der »Orthodoxen Aktion«. In Anspielung auf Mutter Maries »Weltliches Mönchtum« nannte Vater Sergij das Haus scherzhaft »Klause einer Extra-vaganten«.

Heim für Männer in der 74 av Felix Faure – In diesem Haus lebten bis zu 20 Pensionäre.

Heim in der Rue Francois Gérard – Diese große Herberge war für Familien gedacht. Hier wohnten etwa 50 Personen.

Haus der Erholung in Noisy le Grand – Dieses Heim war besonders für Lungenkranke eingerichtet worden. In den Krankenhäusern hatten sie oft keine Aussicht auf Genesung, die Ansteckungsgefahr war zu groß. 1936 eröffnet, kurten zeitweise bis zu 50 Personen in dem Landhaus. Hier lebte und starb u.a. der berühmte K. Bal'mont, einer der frühen Symbolisten.

Billiger Mittagstisch – Den Emigranten, gerade wenn sie arbeitslos waren, fehlte es oft am Notwendigsten. Viele konnten sich nicht ausreichend ernähren, deshalb gab Mutter Marie täglich etwa 100 bis 120 warme Mahlzeiten aus, ab Herbst 1936 für zwei Francs. Jeden Tag zog sie mit einem Sack auf dem Rücken zu den großen Markthallen, wo ihr die Händler für ein paar Pfennige angewelktes Gemüse, überreifes Obst, Fisch oder Fleisch verkauften.

Meistens kochte sie selbst: barfuß stand sie am Herd, ihr Nonnengewand hochgeschürzt, sie sah aus wie eine russische Bäuerin. Nichts erinnerte an ihren geistlichen Stand.

Unter den Besuchern der Kantine wirkte sie nicht nur für das leibliche Wohl; Literatur- und Musikprogramme organisierte sie ebenfalls. Es bildete sich unter diesen Menschen ein Kreis, der sich mit dem russischen Denken des 19. und 20. Jahrhunderts beschäftigte.

Missionskurse und Sonntagsversammlungen – An diesen Kursen nahmen anfangs 12 Personen teil. Es wurde Altes und Neues Testament, Geschichte der Kirche, Apologetik, Liturgik, Einführung in die dogmatische Theologie und Konfessionskunde

unterrichtet. Sonntags führte man Gespräche über geistliche Themen.
Ende 1936 organisierte Mutter Marie für Kinder Donnerstagsschulen.

Lektorengruppe – Auf Anfrage von Gemeinden hielten Mitglieder dieser Gruppe zu verschiedenen Themen Vorträge.

Krankenbesuche – Einige Mitarbeiter der orthodoxen Aktion besuchten die Kranken zu Hause und in den Hospitälern. Sie versorgten die Leidenden mit geistlichen und leiblichen Gütern.

Beerdigungen – Mutter Marie hatte in der Rue Lourmel eine Kapelle eingerichtet; so konnten die Verstorbenen nach orthodoxer Sitte beerdigt werden. Da die Sterberate unter den Emigranten sehr hoch war, fanden täglich zwei bis drei Begräbnisse statt. Dabei übernahmen die Mitarbeiter auch die Erledigung der Formalitäten, da viele wegen der fehlenden Sprachkenntnisse Schwierigkeiten mit den Behörden hatten.

Fehlende Sprachkenntnisse waren es, die kranke Russen u.a. in die Psychiatrie brachten. Da sie sich nicht verständigen konnten, hielt man sie für geisteskrank. Bewegend ist Mutter Maries Schilderung von ihrer Reise zu der psychiatrischen Anstalt St.Ilie. Mehrere Patienten konnten nach ihrem Besuch entlassen werden.

Natürlich bewältigte Mutter Marie diese umfangreiche Arbeit nicht allein. Sie hatte auch Helfer. Es waren besonders F. Pjanov und Mutter Evdokia, die 1932 aus Russland gekommen, sich jedoch von Mutter Marie später wieder trennte, da sie das beschauliche Leben liebte.

Die ersten beiden Jahre waren die schwierigsten, weil sie tastend nach Formen, Möglichkeiten und Mitarbeitern suchen mußte. Obwohl sie sich in der Tradition der Religionsphilosophie stehend empfand, war die Arbeit nicht leicht für sie, da es zunächst keine größere Gruppe gab, die zur Unterstützung der Arbeit bereit gewesen wäre.
Wie sie selbst erklärte, »waren wir für die kirchlichen Kreise zu links und für die Linken zu kirchlich.«

Trotz dieses unermüdlichen Einsatzes fand Mutter Marie Zeit, Ikonen zu malen und liturgische Gewänder zu sticken.
Die Ausgrabung der kleinen Kirche auf ihrem Anwesen hatte sie selbst übernommen. Leider wurden die Malereien nicht gepflegt, einige nach ihrem Tode sogar übermalt.
Seit 1972 existiert die Gemeinde nicht mehr, da im Zuge einer Straßensanierung Haus und Kirche abgerissen wurden.

Die Tochter Gaiana

Die Zeche des unermüdlichen Einsatzes von Mutter Marie für den Nächsten zahlten gewiss ihre Kinder. Sicher fanden sie bei der Großmutter Liebe und Geborgenheit, aber Mutter Marie hatte wenig Zeit für die beiden. Es grenzt fast an ein Wunder, dass die Kinder, soweit sie konnten, die Arbeit der Mutter unterstützten.

Gaiana scheint in der Fremde unglücklich gewesen zu sein. Immer stärker meldete sich der Wunsch, in die Heimat zurückzukehren. Vielleicht äußerte sich darin ihr Protest gegen die Mutter.
Sie hatte einige Jahre auf dem Jesuitencollège gelernt und lebte an der Seite der Mutter, einer Nonne, als Atheistin.

1935 tagte in Paris der erste Schriftstellerkongress. Dazu war Aleksej Tolstoi, ein berühmter Literat und Freund der Mutter aus den Jugendjahren, angereist. Gaiana bekam Kontakt zu ihm. Er war ihr bei der Übersiedlung in die Sowjetunion behilflich. In der ersten Zeit wohnte sie bei ihm.

Seiner Frau schrieb er:
Aus Paris habe ich Gaiana, die Tochter von Elisaveta Kouzmina - Karavaieva mitgebracht. Sie lebte unter unmenschlichen Bedingungen, außerdem hatte man ihr die Arbeitserlaubnis entzogen.

In der Sowjetunion arbeitete Gaiana in einem Architekturbüro und heiratete. Wenige Monate vor ihrem Tode, sie erlag einer Typhusepidemie, konzipierte sie ein Lungensanatorium im Kaukasus.
Das war zu der Zeit, als ihre Mutter ebenfalls ein Heim für Lungenkranke einrichtete.

Im Juli 1936 erhielt Mutter Marie aus Russland die Nachricht vom Tod ihrer Tochter.

Für sie bedeutete der Verlust der zweiten Tochter ein neues Kreuz. Sie weinte; die Nacht war schwarz, die Einsamkeit vollständig.
Pater Lev Gillet, der ihr die Nachricht überbringen mußte, berichtet:

Ich werde nie die qualvolle Minute vergessen. Sie stürzte ohne ein Wort auf die Straße hinaus und lief weg. Ich hatte Angst, sie würde sich in die Seine stürzen. Später kam sie zurück, wie durch ein Wunder beruhigt.

Und Constantin Motchoulsky bemerkt:

An irgendeiner Stelle, weit weg, war ein kleiner Lichtpunkt. In dem Augenblick, in dem ich mich zurückzog, presste sie schweigend ihren Kopf gegen meine Schulter.

Die orthodoxe Aktion

Mutter Marie wurde wegen ihres Lebensstils heftig angefeindet. Warum, so sagten sie, wird sie Nonne, wenn sie doch nicht die Welt verlassen will? In ihrem Zimmer versammelte sich die russische Intelligenz von Paris, man diskutierte, lachte, sang und tanzte, ja Mutter Marie rauchte sogar! Eine rauchende Nonne - das war in den Augen der Ultra Orthodoxen Nonsens, absurd.
Für den Hausgeistlichen von Lourmel, Vater Kyprian Kern, einen Asketen reinsten Wassers und einen umfassend gebildeten Gelehrten, waren die Abende unerträglich, denn der Lärm drang bis in sein Zimmer. Außerdem warf man Mutter Marie vor, dass sie die Gottesdienste nicht besuchte, dass sie sich nachlässig kleidete...
Für sehr rechts stehende Emigranten roch ihre Arbeit unangenehm nach Sozialismus, ja nach Kommunismus, vor dem sie ja ins Exil geflohen war.

So standen sich zwei Parteien mehr oder weniger offen gegenüber: die von Mutter Marie und ihren Freunden aus der orthodoxen Aktion und die einer anderen Ordensfrau, Mutter Eudoxie, die sich zunächst mit ihr verbunden hatte.
Das war eine Frau, die nach einem traditionellen religiösen Leben trachtete, auf das Opus Dei gerichtet war, auf die Feier des liturgischen Gottesdienstes.
Der Konflikt wurde durch den frommen und gebildeten Archimandriten, dem jede Sympathie für Mut-

ter Marie fehlte und der ihre Bestrebungen nicht verstand, verschärft: P. Kyprian Kern unterstützte Mutter Eudoxie, aber anstatt zu befrieden goss er Öl in das Feuer. Mutter Marie litt unter seiner Verständnislosigkeit, aber es gelang ihr, ihre Bitterkeit zu überwinden, wie es eines ihrer Gedichte aus jener Zeit zeigt:

Ich weiß es,
der Scheiterhaufen entzündet sich
durch die ruhige Hand einer Schwester,
und meine Brüder gehen Holz suchen
und selbst die sanftesten
auf meinem sündvollen Weg
sagen grausame Worte.

Mein Scheiterhaufen wird brennen
- unter Liedern meiner Schwestern,
friedlichem Läuten der Glocken -
im Kreml,
auf dem Platz der Hinrichtungen
oder auch hier,
auf fremder Erde,
überall,
wo die Frömmigkeit abgewogen wird.

Von dürren Zweigen
steigt ein dünner Rauch auf,
das Feuer kommt an meinen Füßen empor,
der Grabgesang wird stärker.
Aber die Dunkelheit ist nicht tot,
nicht leer,
in ihr tritt das Kreuz hervor:
Mein Ende, mein Ende zehrt mich auf.

Als Vater Kyprian Lourmel verließ, bekam Mutter Marie in Vater Dimitrij Klepinin einen ihr ebenbürtigen Mitarbeiter und geistlichen Vater. Klepinin war 1925 in das Theologische Institut von Paris eingetreten. Bis zur Priesterweihe war er Sänger und Psalmenleser gewesen. 1939 wurde er Vorsteher der Mariä-Obhuts-Kirche in der Rue Lourmel und Mitarbeiter von Mutter Marie.

Metropolit Evlogij betont in seiner Gedenkansprache 1944, dass dies eine schwer zu leitende Gemeinde war, weil Mutter Marie an der Spitze stand:

Ein Mensch von großer Energie, starkem Willen und nicht immer im Rahmen der kirchlichen Disziplin agierend. Aus diesem Grunde entstanden nicht nur einmal Konflikte mit ehemaligen Vorstehern. Ich muss zugeben, mit Sorge habe ich ihn für diese Aufgabe bestimmt...
Mit ihrer starken Persönlichkeit wird sie diesen bescheidenen und demütigen Vater verdrängen und in den Schatten stellen.
Hier habe ich mich zu meinem Trost sehr geirrt. Nach einiger Zeit erfuhr ich, dass zwischen Vater Dimitrij und Mutter Marie einfache freundschaftliche Bande bestanden. Ich war natürlich sehr froh. Worauf basierte dieser Kontakt? Auf gegenseitigem Verständnis, auf gegenseitiger Achtung, auf einer seltenen Eigenschaft, mit der der Herr Vater Dimitrij freigebig ausgestattet hatte: Selbstverleugnung und das völlige Fehlen jeden menschlichen Ehrgeizes. Er hatte irgendwie gar kein Gefühl für Ehrgeiz, und diese sehr seltene christliche Charaktereigenschaft

machte ihn unverletzbar und unbesiegbar, sie zog wie ein Magnet die Herzen der Menschen zu ihm und bald wurde er, der junge Priester, ein beliebter und populärer Spiritual für den schwierigsten Teil unserer Gemeinde, für die Intelligenz.

Noch ein charakteristisches Merkmal für Mutter Marie: Sie ignorierte die Gesetze der Natur, verstand nicht, was Kälte war, konnte Nächte ganz ohne Schlaf verbringen, kannte Müdigkeit und Krankheit nicht, liebte die Gefahr, kannte keine Furcht und verachtete Bequemlichkeit. Sie meinte:

Im Monat März werden es zwei Jahre, seit ich den Schleier genommen habe.
Ich ziehe Bilanz: Allgemein gesprochen, ist alles einfach geworden, sehr einfach, ganz einfach. Und weniger und weniger Phrasen. Wirklich, es gibt überhaupt keinen Platz mehr für Phrasen. Ich will sagen: Eine Sache, die wie Demütigung erscheinen kann, braucht keineswegs Demütigung zu sein.
Im Laufe unseres Kongresses gab es viele Fragen nach dem spirituellen Leben, der Vereinigung mit der übernatürlichen Welt, dem Zustand der Visionen und des Gebetes. Gute Leute haben mit einer völligen Ernsthaftigkeit gesprochen, und ich glaube ihnen.
Wenn man meinen Schädel öffnete, man würde dort nur Abrechnungen, Quittungen, Schulden und Rechnungen finden. Das ist keine Demütigung, das ist eine Tatsache und das ist alles.

Einer ihrer Freunde erzählt von einem Traum, in dem er sie inmitten eines Weizenfeldes hat gehen sehen.

Er hat ihr zugerufen: »Wie, Mutter Marie, man hat mir inzwischen gesagt, ihr seiet tot!« Dann schaut sie ihn freundlich, etwas listig unter ihrer Brille an und wirft ihm zu: »Die Leute erzählen viele Geschichten... Sie sehen wohl, dass ich lebe!«

Die orthodoxe Aktion hat Mutter Marie kaum überlebt. Aus dem Schoß des orthodoxen Mönchtums hat sie keine Schüler gehabt. Dennoch bleibt sie lebendig. Ihre leidenschaftlichen Aufrufe hören nicht auf, uns zu fragen und aufzurütteln. Könnte ihre Ausstrahlung im Raum der Orthodoxie nicht verglichen werden mit der eines Dietrich Bonhoeffer in der protestantischen Welt?

Wie er hatte Mutter Marie ein »säkularisiertes Christentum« eingeatmet, jenseits aller lähmenden Strukturen.

BESETZUNG FRANKREICHS

Seit langem von Mutter Marie vorausgeahnt, brach 1939 der Zweite Weltkrieg aus; Frankreich wurde von Hitler-Deutschland besetzt.
Am 21. Mai verkündete Paul Reynaud im Radio die Niederlage der Armee Corab und die Einnahme von Arras und Amiens durch die Deutschen.

Mutter Marie war ruhig. Sie sagte:
Ich fürchte die Leiden nicht und ich liebe den Tod. –
Und wie wird es nach dem Tod sein? – Ich weiß es nicht... Es wird etwas Weites und Freies sein. Und wir werden ein kleines Geheimnis erfahren: dass die Hölle schon vorbei ist.
Wenn die Deutschen Paris einnehmen, werde ich bei meinen Alten bleiben. Wo könnte ich sie unterbringen?
Und dann werde ich versuchen, mir einen Weg nach Osten zu bahnen, ich werde zu Fuß gehen, ich weiß nicht wohin. Ich versichere euch, dass es besser für mich ist, in Russland unterzugehen als in Paris an Hunger zu sterben. Ich liebe Russland.
Patriotismus ist ein absurdes Wort. Das ist eine völlig andere Sache.
Iliousha (Fondaminsky) besteht darauf, dass ich Paris verlasse. Aber warum weggehen? Was bedroht mich hier? Im schlimmsten Fall bringen mich die Deutschen in ein Konzentrationslager. Menschliche Wesen leben sogar in den Lagern.

Mutter Marie erzählte einen Traum:

Place de la Concorde – der gallische Hahn, verwundet und blutend, schlägt um sich, als ein Trauerzug sich nähert. Am Anfang marschiert ein Tiger, dann ein Bär, dann andere Lebewesen ohne Gesicht, mit gespaltenen Füßen. Sie ziehen einen Panzer. Ich konnte nicht sehen, wer auf dem Wagen stand, und erwachte.
Bei der ersten Gelegenheit werde ich nach Russland gehen, an irgendeinen Ort an der Wolga oder in Sibirien.
Ich brauche nur einen Tag in Moskau, um zum Friedhof, zum Grab von Gaiana zu gehen.
Und dann werde ich in irgendeinen Teil Sibiriens reisen. Ich werde missionarisch unter den einfachen Leuten des russischen Volkes tätig sein.

Doch auch nach dem Einmarsch der deutschen Wehrmacht blieben Tageslauf und Aufgaben für Mutter Marie zunächst unverändert. Es war nur schwieriger geworden, für die vielen Menschen Nahrungsmittel zu beschaffen.

Weiterhin gab Mutter Marie den Hungernden zu essen, ging zu den Hallen und trug schwere Säcke mit Gemüse auf ihren Schultern. Der Ärmel ihres staubigen Kleides war zerrissen, sie trug ausgetretene Männerschuhe.

Das Haus in der Rue Gérard musste aber aufgegeben werden, da einige Bewohner sich als Kollaborateure der Deutschen erwiesen.

Die Kantine in der Rue de Lourmel wurde als städtische Einrichtung anerkannt. Mutter Marie bekam täglich eine wässrige Suppe geschickt, die sie zu verbessern suchte vor der Ausgabe an die Bedürftigen.
Im Schuppen hatte sie einen Markt zu reduzierten Preisen eingerichtet. Bei der Versammlung der orthodoxen Aktion diskutierte man die Preise der Lebensmittel, der Kartoffeln und des Kohls.

Es ist jetzt nicht der Augenblick, um über Ideologie zu sprechen; im Winter wird es wieder die Hungersnot geben. Man muss die retten, die Gefahr laufen, zugrunde zu gehen.

Zur allgemeinen Not breitete sich überall eine grosse Mutlosigkeit aus.

Die Rue de Lourmel organisierte Hilfe für die Gefangenen, die im Lager Compiègne inhaftiert waren. Es war wahrhaftig eine »Fabrik für Pakete«.

WIDERSTAND

Als Deutschland Russland den Krieg erklärte, wurden in Paris mehrere hundert Russen verhaftet. Unter ihnen waren Pianoff, Fondaminsky, Krivochéine, Alpérine.
Mutter Marie sagte:

Ich habe keine Angst für Russland. Ich weiß, dass es siegen wird. Es wird der Tag kommen, an dem wir durch das Radio erfahren, dass die sowjetische Luftwaffe Berlin zerstört hat. Dann wird es eine »russische Geschichtsepoche« geben. Russland wird sich vom Arktischen bis zum Indischen Ozean erstrecken. Alle Möglichkeiten sind offen. Eine große Zukunft erwartet Russland. Aber welches Meer von Blut.

Oft wurden wahllos russische Emigranten verhaftet, in einer Nacht bis zu eintausend. Bald begann auch die Jagd auf die Juden, am Anfang auf die ausländischen.
Einer der besten Freunde von Mutter Marie war der russische Jude Elie Foundaminsky. In seinem Haus waren viele versteckt, die sich gefährdet fühlten.
P. Dimitry Klepinine lieferte denen falsche Taufscheine, die es wünschten.
Mutter Marie organisierte zusammen mit ihren Freunden den Widerstand und Hilfe.

1942 erging die Verordnung, dass alle Juden den Stern zu tragen hätten.

Mutter Marie erklärte:

Es gibt keine jüdische Frage, es gibt nur die christliche Frage. Der engagierte Kampf richtet sich gegen das Christentum. Die Zeit ist gekommen, den Glauben zu bekennen. Die meisten werden in Versuchung geführt, aber Christus hat gesagt: Fürchte nichts, du kleine Herde. –
Wenn wir wahre Christen wären, würden wir alle den Stern tragen.

Und sie dichtete:

Zwei Dreiecke, ein Stern,
der Schild Davids, des Königs,
bei weitem keine Schmach,
sondern Zeichen der Erwählung.

Im Juli 1942 kam es zu Massenverhaftungen der Juden. Das Foyer in der Rue de Lourmel war überfüllt. Man wohnte im Seitenflügel, im Schuppen, man schlief im Salon auf dem Fußboden. Eine Familie war im Zimmer von Pater Dimitry untergebracht. Eine andere Familie besetzte das Zimmer von Youra. Juden und Nicht-Juden. Mutter Marie sagte:

Wir haben eine akute Krise der Unterbringung. Es ist ungewöhnlich, dass die Deutschen das Foyer noch nicht geschlossen haben.

Die Verfolgten brauchten Unterkunft, Verpflegung, Geld, falsche Pässe, Begleitung in ein sicheres Versteck und Zuspruch.

Mutter Marie versuchte, alle gleich welcher Nation zu unterstützen.
Schrecklich waren die Massenverhaftungen von etwa 13 000 Juden am 15./16. Juli 1942; darunter befanden sich 4150 Kinder. Sie alle wurden im Vélodrome d'hiver zusammengepfercht. Es dauerte tagelang, bis die Transporte abgingen; natürlich standen kaum Wasser und Nahrungsmittel zur Verfügung.

Es gelang Mutter Marie, das Vélodrome zu betreten; sie tröstete, brachte Lebensmittel und konnte mit Hilfe von Franzosen vier kleine Kinder hinausschmuggeln. Man organisierte Fluchtmöglichkeiten.
Diese Aktivitäten blieben den Deutschen nicht verborgen. Die orthodoxe Aktion wurde von den Behörden verboten.

Im September begannen die deutschen Fliegerangriffe auf England. Mutter Marie bat, man möge ihre Voraussagen aufschreiben:

Die Stürme der Sonnenwende haben begonnen. England ist gerettet. Deutschland hat den Krieg verloren.

Verhaftung

Taten und Worte von Mutter Marie konnten nicht geheim bleiben. Man sagte, sie sei von einem, der an ihrem Tisch saß, verraten worden.

Youra Skobtsov, Mutter Maries Sohn, nun schon 23 Jahre alt, Student und Mitarbeiter der Aktion, wurde am 8. Febr. 1943 von der Gestapo verhaftet.
Mutter Marie war gerade auswärts beschäftigt. Angeblich wollte die Gestapo Youra freilassen, sobald sie sich stellen würde.

Am nächsten Tag schon stellte sie sich. Ihr ehemaliger Mann begleitete sie, denn sie dachte, er als Vater könne Youra vielleicht freibekommen, wenn er die Schuld auf sie lenken würde. Die Hoffnung war natürlich vergeblich.

Mutter Marie wurde ihrerseits verhaftet ohne die Befreiung ihres Sohnes und ihrer Freunde zu erreichen. Alle wurden deportiert.

Bei der Verhaftung von Mutter Marie rief der Agent des S.D., der die Operation in der Rue del Lourmel leitete:
Sie werden ihren Sohn niemals wiedersehen!

Einige Zeit vorher hatte Mutter Marie geschrieben:

Ich bin Deine Botschaft.
Wirf mich wie eine Fackel in die Nacht,
damit alle sehen,
alle das erfahren,
was Du von den Menschen forderst,
welche Deiner Diener Du zum Opfer rufst.

Alle wurden zunächst für einige Monate im Fort Romainville interniert. Ein Brief von Mutter Marie informiert:
Wir sind zusammen.. Ich befinde mich in einem großen Saal mit 34 anderen Menschen. Man geht zweimal am Tag spazieren, man ruht sich aus, man hat viel freie Zeit. Ihr seid viel unglücklicher als wir. Ich hoffe, dass es nicht für lange ist.

Eine Mitgefangene erzählt, wie Mutter Marie im Lauf der langen Appelle neben ihr, trotz der Wachtposten, stickte. Sie beobachtete die SS-Aufseherinnen, die umherschweiften und habe so bei dieser merkwürdigen Arbeit, ausgeführt mit den Fingerspitzen ohne vorgezeichnetes Muster auf den Stoff einer aufgeknöpften Damenbluse, assistiert.
So hatte sie das unvergleichliche Privileg, das Geschenk zu bekommen, das letzte und großartige Kunstwerk einer Gefährtin.

Als 1945 in Ravensbrück die Evakuierung des Lagers begann, wurden alle in einen riesigen Konvoi russischer, polnischer, tschechischer, belgischer und französischer Frauen geworfen mit unbekanntem Ziel.

Alle wurden nackt einer letzten Durchsuchung unterworfen.
Maries Freundin konnte dabei ihr kostbares Geschenk im Sand vergraben und dann unter ihrem Kleid verstecken und so ging es nie verloren trotz Typhus, Koma, DDT und schließlicher Hospitalisation in Bergen-Belsen.
Diese Reliquie gehört nun dem Museum der Mutter Marie in Noisy-le Grand.

Von Youra, dem Sohn Mutter Maries, aber war am Mittwoch, den 5. Mai 1943 ein Brief gekommen:

Meine Freunde, meine Liebsten!
Christus ist auferstanden!
Am 27. April ist Mama nach Deutschland deportiert worden, sie hat die Nacht in unserem Lager in Compiègne verbracht, und ich konnte sie sehen. Sie war sehr mutig und sehr sanft. Ohne Zweifel werden wir auch bald nach Deutschland gebracht werden.
Wir feiern täglich Messe und Kommunion.

Nach dem 16. Dez.1943 überstellte man Youra nach Buchenwald. Er kam in das Außenlager Dora. Am 6. Februar 1944 wurde er zur Sonderbehandlung verschickt, seitdem fehlt jede Spur von ihm.

Im KZ Ravensbrück

Am 27. April war Mutter Marie im Viehwagen nach Deutschland transportiert worden.

Sophia Borissovna, ihre Mutter, erhielt eine Karte von ihrer Tochter, datiert vom Ende Dezember. Sie sei im Lager Ravensbrück in Mecklenburg, das im Unterschied zu vielen anderen nicht als Vernichtungslager konzipiert sei. Ihre Gesundheit sei gut, sie denke viel an die zukünftige Arbeit. Sie sei stark und kräftig.
Aber am Schluß des Briefes steht:
Ich bin ganz plötzlich eine alte Frau geworden.

Als Mutter Marie in Ravensbrück eintraf, herrschten schon unvorstellbare Zustände. Da die Baracken überfüllt waren, mussten die Gefangenen eines neuen Transportes oft vier bis fünf Tage unter freiem Himmel kampieren. Ihre Habseligkeiten wurden ihnen abgenommen, dafür bekamen sie dünne Kleidung, die ihnen bei Kälte keinen Schutz bot.
Strümpfe gab es kaum noch für diese spät eingelieferten Opfer der sinnlos um sich schlagenden Macht, schreibt Isa Vermehren, katholische Ordensfrau, und ich habe später im Lager mehr Beine gesehen bedeckt mit aufgesprungenen, blutigen Stellen von Frost und Avitaminose, mehr Beine dürftig mit Papier und Flicken umwickelt als Beine mit normalen Strümpfen.

Zur äußeren Not, dem Ungeziefer, dem Schmutz, dem Hunger, der mangelnden ärztlichen Betreuung kamen die seelischen Nöte. Isa Vermehren bemerkte, dass neben den Christen es vor allem ein paar Kommunisten waren, die vom Glauben an den liebenswerten Menschen keinen Schritt abwichen.

Mutter Marie gehörte zu den wenigen, die den Glauben an das Gute im Menschen nicht verloren. Vor allem wusste sie sich auch hier geborgen in Gottes Hand. So äußerte sie einer Mitgefangenen gegenüber:

Ich nehme mein Leiden rückhaltlos an, ich weiß, dass alles für mich so ist, wie es sein muss. Wenn ich sterbe, sehe ich darin eine Gnade von oben.

Dabei hat Mutter Marie das Martyrium nicht bewusst gesucht, oftmals betonte sie, dass sie gern nach Russland zurückgehen würde, um dort unter den einfachen Menschen zu wirken.

Mutter Marie verbrachte die Haft in Block 27 in Ravensbrück. Ihre Gefährtinnen umgaben sie mit Respekt. Sie brachte es fertig zu malen u.a. eine Ikone der hl. Jungfrau, die in ihren Armen das gekreuzigte Jesuskind hält.
Ostern 1944 wurden die Fenster der Baracke von ihr mit erstaunlichen Dekors aus Papier geschmückt.

Verstohlen gelang es ihr, Garn gegen eine Brotration zu tauschen und Ikonen zu sticken.

Sie arbeitete in einer Strickerei. Die Tätigkeit fiel ihr sehr schwer und ihre Gesundheit verfiel, sie wurde immer schwächer. Trotzdem gab sie nicht auf, für andere da zu sein.

Eine Mitgefangene berichtet:

Wenn wir abends zu Tode erschöpft von der Arbeit heimkehrten, setzte sie sich auf ihre Matratze und begann eine regelrechte Zirkelarbeit. Sie bildete eine Oase nach einem schrecklichen Tag. Sie erzählte uns von ihren gesellschaftlichen Erfahrungen in Frankreich, wie sie sich die Versöhnung zwischen Katholiken und Orthodoxen vorstellte. Wir befragten sie über die Geschichte Russlands und die Zukunft dieses Landes, über den Kommunismus.
Diese Diskussionen und geistlichen Gespräche waren für alle ein Schritt aus der sie umgebenden Hölle.
Alle im Block kannten Mutter Marie. Sie verstand sich mit den Jungen wie mit den Alten, mit den Leuten mit progressistischen Ideen, mit Gläubigen und Ungläubigen.

Mehrere Mithäftlinge berichten über sie; eine Nichte General de Gaulles, Madame Geneviève de Gaulle, empfand für sie tiefe Freundschaft und große Bewunderung.
Dank ihrer schöpften viele wieder Mut, wenn sie durch Terror niedergedrückt waren und sich ohnmächtig fühlten.
So sprach sie auf ihrem Strohsack in kleinen Zirkeln über die russische Revolution, den Kommunismus, über ihre politischen und sozialen Erfahrungen und

manchmal, tiefer gehend, über ihre religiöse Erfahrung.
Aus einem Handbuch des Christentums, das eine der Gefährtinnen bei der Durchsuchung retten konnte, las Mutter Marie einen Abschnitt des Evangeliums oder der Apostelbriefe. Sie meditierte dann mit eigenen Worten. Neben ihr wurde manchmal gebetet oder gesungen.

Diese Zusammenkünfte, die jeder der Frauen in unvergesslicher Erinnerung blieben, fanden oft auch in anderen Blocks statt, wo es leichter war sich zu verstecken, oder auf einer Allee des Lagers nahe bei der Umfassungsmauer, während eine der Frauen Wache hielt.

Mutter Marie ging manchmal in den Block der russischen Soldaten, die sie mit Verehrung aufnahmen. Fand sie in ihren Gesichtern das ihrer Tochter Gaiana, die nach Russland zurückgekehrt war, nachdem sie einen sowjetischen Studenten geheiratet hatte, und dort gestorben war?

Eine Mitgefangene von Mutter Marie, Rosane Lascroux, berichtet:

Wir hatten im Fort von Romainville eine Wette abgeschlossen, Elisaveta Skobtsov und ich. Mutter Marie, orthodoxe Ordensfrau, nach Frankreich emigriert seit 1927, mit ganzer Seele an ihr Vaterland gebunden, beharrte darauf, dass nur die mächtige Rote Armee Hitler - Deutschland besiegen würde.

Was mich betrifft, ich äußerte vertrauensvoll und sicher, dass die britischen und amerikanischen Mächte in unser Land eindringen würden, um es zu befreien. Und ich hatte gewonnen!

Evakuierung und Vernichtung

Ab Herbst 1944 lief die Vernichtungsmaschinerie der Nazis auf Hochtouren. Zu dieser Zeit befahl die SS-Führung dem Lagerkommandanten Suhren, die Sterblichkeitsrate zu erhöhen.
Nun entgingen die älteren und schwächeren Häftlinge, die für die deutsche Industrie wertlos waren, nicht mehr der Tötung. Eine Gaskammer wurde angelegt und das ehemalige Jugendlager Uckermark dem KZ angegliedert.
Im Januar 1945 begannen die Massenermordungen.

Mutter Marie, erschöpft durch die schwere Arbeit, hatte die rosa Karte angenommen, die von der Lagerroutine befreite, die zugleich aber als arbeitsunfähig auswies, also für die Vernichtung aussonderte.

Die letzten Monate vor der Befreiung waren schrecklich. Mutter Marie sah, befallen von der Ruhr, ihre Kräfte schwinden. Auf ein Blatt kritzelte sie eine Botschaft an den Metropoliten Eulogius und an ihren geistlichen Vater P. Serge:

Hier meine Verfügung:
Ich nehme mein Leiden voll und ganz an.
Ich nehme auch den Tod an, wenn er kommt,
wie ein Gnade von oben.

In einem Bericht aus jenen Tagen wird ihr Leiden geschildert:

Immer lag sie zwischen den Appellen, sprach nicht mehr oder fast nicht mehr, versenkte sich in Meditation, ohne Ende...
Es war eindrucksvoll, ihr Gesicht zu sehen, nicht wegen der entstellten Züge – denn wir waren an diesen Anblick gewöhnt – sondern wegen des konzentrierten Ausdrucks ihrer inneren Leiden, die es widerspiegelte. Sie trugen schon die Stigmata des Todes.
Mutter Marie klagte indessen nicht. Sie hielt die Augen geschlossen und schien zu beten. Das war, so glaube ich, ihr Ölgarten.

Sie, die so oft die anderen gestärkt hatte, schwieg jetzt, als wenn sie ein inneres Gespräch führen würde, wie eines ihrer Gedichte sagt:

Sieh hier die Seele,
vernietet in ihrer wesenhaften Einsamkeit:
nur du und ich –
Dein Licht, meine Sünde –
Ich hier an meine Grenze gekommen,
Deine Sonne weist nach Osten.

Auszug aus einem Bericht von Simone Auclair:

Ravensbruck, l'enfer des Femmes,
27. Februar - Tragödie.

Wie gewöhnlich, wenn die Mittagssirene ging, verließ ich laufend den Block 11, als Suzy bei der Begegnung mir keuchend sagte:
»Der ganze Block 27 pausiert seit heute morgen. Sie gehen weg.«

»Wohin?«

»Man weiß es nicht wirklich. Die einen zum Jugendlager; alle anderen, so Mickey, nach Rechling, etwa 40 Kilometer nördlich von hier.«

»Aber warum verlegt man sie an einen so nahe gelegenen Ort?«

»Ist man nicht solche Narreteien gewohnt?«

»Hat niemand fliehen können?«

»Doch. Einige junge Frauen, so scheint es.
Sie haben sich im Block 24 versteckt.«

»Ich gehe auf einen Sprung dahin!«

»Paß auf. Die SS ist wachsam!«

Ich wollte allen Französinnen auf Wiedersehen sagen. Sie standen in einigen Gruppen zu Hunderten da, schon ausgesucht: einige vor dem Block 27, andere vor 31. Ich wollte vor allem Colette, Tania, Mariette, Gabrielle, Yvonne Duboin, die Rotkreuzlerin Perrine, Popo sehen.
Von weitem habe ich gerufen:
»Colette, kann ich etwas für dich tun?«

»Ich hätte gern meinen schwarzen Beutel. Er ist auf meinem Bett liegengeblieben.«

»Ich auch, ich hätte gern meine Beutel«, rief mir Tania zu.

Und viele Stimmen wiederholten:
»Ich auch, ich auch, ich auch.«

Nun ja! Ich konnte nicht alle zufriedenstellen. Dazu verurteilt, nach dem Appell nicht in den Block zurückkehren zu dürfen, konnten sie natürlich nichts mitnehmen. Nichts.
Alle Fenster des Blocks waren verschlossen, aber eine der Türen war halb offen: die von Babar, der gerade herauskam.
Meine gelbe Armbinde half mir. Ich sprach Babar an:
»Gestatten Sie mir hineinzugehen und einige Beutel für meine Kameradinnen zu holen?«

»Ja, aber seien Sie vorsichtig.«

Ich antworte den Wachen nicht. Vor ihrer Nase bin ich hineingegangen, bin, so schnell ich konnte, hineingeglitten in die vierzig Zentimeter breite Allee, und es gelang mir, den Beutel von Colette herauszuholen und das trotz meiner geschwollenen Schulter, die mir viel zu schaffen machte.
Unverfroren bin ich herausgekommen und bückte mich, um nicht gesehen zu werden. So gelang es mir, Colette zufriedenzustellen.
Dann kam Tania an die Reihe. Auf die gleiche Weise, mit gleichem Erfolg.

Einer von der SS hatte mich entdeckt. Er stürzte sich in beleidigender Weise auf mich. Ich konnte fliehen, ehe ich einen Stockschlag abbekam. Er durfte seinen Posten nicht verlassen.
Die anderen hatten die Szene beobachtet. Ich konnte nichts mehr für sie tun. Man jagte mich, es war unmöglich, sich ihnen aufs Neue zu nähern..

Alle Regeln missachtend, habe ich den Block 11 um sieben Uhr verlassen, um mich bei Suzy über das Schicksal unserer Gefährtinnen zu informieren:
Die Richtung Rechling gezogen sind, wurden am 31. eingesperrt, hat mich Suzy wissen lassen. Was die anderen angeht, sind sie ohne Zweifel jetzt nicht mehr im Jugendlager.

»Was wollen Sie sagen?«

»Oh! ich muss Ihnen eine traurige Geschichte erzählen. An jenem Morgen, als die Auswahl schon getroffen war, mussten unsere Kameradinnen mit weißen oder grauen Haaren und mit müden Gesichtern draußen auf den Lastwagen warten, der sie abholen sollte.

Während sie verzweifelten, sich verstohlen die Tränen abwischten oder revoltierten, sprach unsere Mutter Marie mit der anderen Mutter Marie, der Russin, die auch für das Jugendlager bestimmt war.«

»Wieso war diese Russin dafür bestimmt? Aber das war eine großartige Frau!«

»Zu der Zeit hatte sie ein böses Auge und da sie fünfzig Jahre alt war...«

»Ah! Suzy, fahren Sie fort.«

»Plötzlich erschien der Lastwagen. Die Unglücklichen lamentierten zunächst.
Unsere Mutter Marie versuchte sie mit sanften Worten zu trösten. Darauf murmelten einige:
»O ja, Sie sprechen so, weil sie nicht der gleichen Bestimmung wie wir zugeführt werden!«

Dann, als der Lastwagen anhielt, sagte ihnen Mutter Marie:
»Wenn ich euch begleitete, würde euch das ein wenig trösten?«

Einige hatten die Schwäche mit »Ja« zu antworten.

»Gut«, sagte Mutter Marie, »ich folge euch.«
(Diese Aussage soll - nach Mme de Gaulle – auf einem Irrtum beruhen.)

Von starken Emotionen bewegt fügte Suzy hinzu:
»Ihre heitere Seele muss schon den Frieden gefunden haben.«

»Aber Suzy, was willst du zu verstehen geben?«

»Dass viele Lastwagen jetzt direkt den Weg in die Krematorien nehmen.«

»Ohne über das Jugendlager zu fahren? Ich konnte mir vorstellen, als man sie dorthin schickte, dass es noch eine gewisse Hoffnung gab, sie zu retten. Der Tag der Befreiung kam nämlich näher.«

Das Ende

Mutter Marie kam in das Jugendlager. Die Zustände waren noch schlimmer als im Hauptlager: 60 Gramm Brot täglich und eine dünne wässrige Suppe. Die Appelle dauerten oft fünf Stunden, immer im Freien und bei jedem Wetter.
Wie durch ein Wunder überlebte Mutter Marie das Jugendlager und kehrte Anfang März in das Hauptlager zurück.

Die Aussonderungen für die Gaskammer fanden indes immer häufiger statt. Die SS tarnte ihr Vorhaben, indem sie von Transporten in ein Entlastungslager Mittwerda (bzw. Mittweida in Schlesien) sprach.

Ab Mitte März begannen die schlimmsten Wochen; bis zum Karfreitag hatten die Freundinnen Mutter Marie mit Hilfe der Aufseherin Christina durch die Selektionen geschleust.
Damals stand nicht nur die Rote Armee unmittelbar vor den Toren, zum ersten Mal weilten Vertreter des Internationalen Roten Kreuzes in Ravensbrück, so dass am Ostersonntag 299 Französinnen evakuiert werden konnten.

Für Mutter Marie kam diese Hilfe zu spät.

Über die letzten Augenblicke ihres Lebens gibt es unterschiedliche Aussagen:
Einige Augenzeugen berichten, dass Mutter Marie für die Gaskammer selektiert wurde, andere sprechen davon, dass sie freiwillig den Platz tauschte mit einer jungen Mutter, die für die Gaskammer bestimmt war.

S. Hackel schreibt:

Es ist schwierig, heute die Szene genau zu rekonstruieren. Aber dieser scheinbare Widerspruch löst sich ohne große Schwierigkeit, wenn man daran denkt, dass in Wirklichkeit zwei Selektionen stattfanden: die erste im Hauptlager, nach der Mutter Marie ins Jugendlager geschickt wurde, die zweite im Jugendlager, diesmal für die Gaskammer.

Sicher hatte Mutter Marie keine Illusionen, als sie erneut in das Jugendlager gebracht wurde. Es ist schwer zu sagen, ob sie in ihrem geschwächten Zustand bis zur Befreiung überlebt hätte.

Es gibt jedoch Zeuginnen, die bestätigen, dass sie am Karsamstag, dem 31. März 1945, freiwillig für eine junge Frau in die Gaskammer ging.

Ihre Asche wurde zerstreut. Buchstäblich nichts Irdisches blieb von ihr übrig.
So vollständig war ihre Hingabe an Gott.

Bereits 1937, wohl in Vorahnung ihres Martyriums, hatte sie gedichtet:

> *Herr, ich habe das Leben*
> *von Dir empfangen.*
> *Gern und kraftvoll habe ich gelebt.*
> *Gern nehme ich den Tod an.*
> *Der Kelch ist bis zum Rand gefüllt.*
> *Zu Deinen Füßen ist er niedergefallen.*
> *Mein Leben ist vor Dir vergossen.*

Mutter Maries Vermächtnis

So steht eindeutig fest, dass Mutter Marie mit der Gefangenennummer 19263 in Ravensbrück (Mittwerda) ermordet wurde.

Die Frage nach ihrer freiwilligen Lebenshingabe ist nach so langer Zeit nicht mehr eindeutig zu klären.

Über ihr Ende weiß man nichts Sicheres. Getrennt von den Gefährtinnen ihrer Gefangenschaft, überführt ins »Jugendlager«, wo man die Kranken und Gehunfähigen verhungern ließ, ist sie in Einsamkeit und vollständiger Entäußerung von dieser Welt gegangen.

Aus den Unterlagen des KZ Ravensbrück:

Die Liste von Anise Postel Vinay,
KZ Ravensbrück, 6.IV.1945,
Kommandatur:
Betr. Häftlingsüberstellung nach Mittwerda.
Nachstehende Häftlinge wurden nach dem Schonungslager Mittwerda i. Schlesien (Synonym für Gaskammer) überstellt:
Nr.222 Skobtzoff, Elisabeth, Häftlingsnummer 19263.
Unterschrift Suhren,
SS-Sturmbannführer und Lagerkommandant.

Einige Tage nach dem Tod von Mutter Marie wurde Anfang April 1945 das Lager vor dem Vorrücken der Russischen Armee geräumt.

1985 verlieh der Oberste Sowjet der UdSSR E. Kuz'mina-Karavaeva Mutter Marie für ihre Arbeit im Widerstand posthum den Orden des Vaterländischen Krieges 2. Klasse.

Auf dem ehemaligen Besitz der Pilenkos im Dorf Jurovka, 30 km von Anapa, wurde ihr zu Ehren ein Museum eröffnet.

Mutter Marie war begabt mit einer außergewöhnlichen Vitalität, gestützt auf einen ungebrochenen Glauben, gewappnet, die schrecklichen Prüfungen des KZ zu bestehen.

Aber ihr Leben kann als ein einziges Scheitern betrachtet werden:
Ihre beiden Ehen sind zerbrochen, ihre Kinder vor dem Erwachsenwerden gestorben. Für die Inhaftierung ihres Sohnes konnte sie sich schuldig fühlen. Den Sieg über die Nazibarbarei hat sie nicht mehr erlebt. Die Orthodoxe Aktion ist mit ihr untergegangen; orthodoxe Nonnen sind nicht in ihre Fußstapfen getreten.

Doch Mutter Maries Einsatz galt nicht nur der augenblicklichen Not, ihr Denken war stets auf die Zukunft gerichtet.

Sie wollte mit ihrer Arbeit Paradigmen vorgeben für die Zeit, in der die Kirche in Russland wirklich frei wirken könnte, und dass dies geschehen würde, davon war sie zutiefst überzeugt, und so formuliert sie ihr Vermächtnis:

*Diese Freiheit ruft uns,
gegen die ganze Welt anzuschwimmen,
nicht nur gegen die Heiden,
sondern auch gegen viele,
die sich Christen nennen.*

Und erneut klingt das Motiv ihres Handelns auf:

*Wir werden als Narren leben
um Christi willen,
weil wir ebenfalls die große Seligkeit kennen,
Gottes Hand auf unserer Arbeit zu spüren.*

Auszug aus der Zeitschrift Témoignage Chrétien, Freitag, 4. Mai 1945

Zwei aus dem Norden aus politischen Gründen deportierte französische Kommunisten, die aus dem Lager Ravensbrück zurückgekommen waren, erzählen:

Es hat in unserem Block eine russische Ordensfrau gegeben, Mutter Marie. Sie war eine außergewöhnliche Frau.
Eines Tages hatte man, wie das regelmäßig geschah, sie mit einer bestimmten Zahl kranker Frauen für die Gaskammer bestimmt. Die Verurteilten waren verzweifelt. Sie wollten den Tod nicht annehmen.
Mutter Marie versuchte, sie zur Vernunft zu bringen, indem sie ihnen erklärte, dass sie sich täuschten, dass man nur das Lager wechsele. Aber das überzeugte sie nicht.
Also entschied sie sich und sagte ihnen: Um zu beweisen, dass ich nicht an die Gaskammer glaube, nehme ich den Platz von einer von euch ein.
Und so ging Mutter Marie freiwillig zum Martyrium, um ihren Gefährtinnen sterben zu helfen.

Eine andere Deportierte aus Ravensbrück hat erzählt, dass Mutter Marie im Lager ihre missionarische Aktion fortsetzte, indem sie die Inhaftierten tröstete und stärkte.

Ein Brief an Dimitri Skobtsov

J. Verdier 34, chemin de la Croix-Rouge, Toulouse

Eine Woche nach dem Weggang Mutter Maries in die Gaskammer am 28. März 1945 wurde folgender Brief an den Mann von Mutter Marie Herrn Dimitri Skobtsov geschickt:

Ich kann Ihnen tatsächlich von Mutter Marie erzählen, denn ich habe lange Monate in ihrer Nähe gelebt; aber ich fürchte, dass Ihr sie niemals wiedersehen werdet.

Ich will Ihnen sagen, in welchem Augenblick sie mich verlassen hat, wie sie gelebt und wie sie in Ravensbrück gelitten hat.

Ich war ihr Chef in der Trikotabteilung und ich hatte dauernd mit ihr zu tun, da sie uns unterhalten sollte; denn ihre Gelehrsamkeit war groß. Sie hat uns die ganze Geschichte Russlands erzählt und sie hat von der orthodoxen Religion erzählt. Es sind uns die Stunden oft sehr kurz vorgekommen, und ich habe mich sehr gern mit ihr unterhalten und ihre wahrhaft wunderbaren Werke, die sie angefertigt hat, bewundert.

Ich hatte nicht nur eine große Bewunderung für sie, sondern auch eine wirkliche Zuneigung.

Etwa im Februar litt sie an den Augen -Bindehautentzündung- und im März waren wir zusammen in dem, was man dort »Jugendlager« nannte, etwa einen Kilometer entfernt von Ravensbrück. Dort unten waren wir Seite an Seite. Sie war zu der Zeit sehr geschwächt durch Ruhr und durch den Hunger, der uns alle quälte, aber ihr Mut und ihre Hoffnung blieben.

Am Mittwoch vor Ostern ließ man uns reihenweise antreten, die Beine nackt, wir mussten an einem Major vorbei defilieren. Wir waren etwa 500 ; etwa 260 wurden auf die Seite geschickt, unter ihnen Mutter Marie. Die anderen wurden in ihren Block zurückgeschickt.

Diese 260 Frauen blieben bis zum folgenden Tag zusammen. Dann kamen die Lastwagen, sie zu holen. Wohin? Das ist ein Geheimnis, und große Furcht ist damit verbunden; denn von denen, die in gleicher Gesundheitsverfassung waren, hat man keine Nachricht mehr bekommen.

Ich hatte von vielen die Adresse; ich habe das Ende des Krieges abgewartet, um etwas zu erfahren; aber ich habe keine Hoffnung.

Alles ist von den Barbaren zu erwarten. Sie haben Entsetzliches getan. Ich selbst habe darunter gelitten; denn sie haben 1944 in der Nacht, bevor ich nach Deutschland ging, meinen Mann ermordet, und wenn ich nicht meine kleine 11-jährige Tochter gehabt hätte, die mich ins Leben zurückgerufen hat, würde ich, so glaube ich, niemals zurückgekommen sein.

Ich hoffe, dass wenigstens Ihr Sohn zu Ihnen zurückkehrt und Ihr Trost sein wird.

Wenn durch Zufall eine der 260 mit Ihrer Frau zusammen deportierten Frauen ein Lebenszeichen gäbe, würde ich Ihnen ihre Adresse geben; aber das wäre ein wirkliches Wunder.

Ich wünsche Ihnen Mut, lieber Herr, wie ich selbst ihn habe: Unsere Kinder brauchen uns noch.

Vertrauen Sie meinen besten Gefühlen.

II

AUS DEN SCHRIFTEN DER MUTTER MARIE SKOBTSOV

Einblick in den geistlichen Weg von Mutter Marie geben ihre geistlichen Schriften.
Sie suchte Gott ebenso leidenschaftlich wie sie sich den Nächsten widmete.
Während ihrer revolutionären Aktionen hat sie Gott verneint, aber sie wurde durch Christus zum Mitleid bewegt (Geneviève Antonioz de Gaulle).
Mutter Marie malte Ikonen, schrieb Gedichte und theologische Texte.

Ein Beispiel ist ihre Charakterisierung der Frömmigkeitstypen: militanter Geist riss sie mit.
Sie liebte dem Kampf. Sie revoltierte gegen den geistlichen Komfort, das christliche Wohlbefinden, die rituelle Frömmigkeit.
Entweder ist das Christentum ein Feuer oder es ist nicht.

Die verschiedenen Typen der Frömmigkeit

Einführung

Diese Studie will nicht nur Klarheit in die Gedanken, Beobachtungen und Ereignisse bringen, sondern auch Antwort auf eine Anzahl persönlicher Zweifel suchen. Fünf Jahre des Mönchtums in der Welt der Emigration sind eine Erfahrung, die einem Außenstehenden schwer nahezubringen ist.

Nonne zu sein in der Emigration ist zweifellos leichter, als unter normalen Bedingungen zu leben, d.h. hinter den Mauern eines Konvents. Aber auf der anderen Seite ist vieles komplexer, schwieriger. Besonders die Tatsache, dass dieser Weg noch nicht erforscht ist, dass vorsichtiges Herantasten nötig ist, bevor man ein Ergebnis erhält.

Das wirkliche Problem liegt darin, dass die neuen historischen Bedingungen nicht nur das mönchische Leben, sondern das Leben der ganzen Kirche bis in die täglichen Angelegenheiten hinein erschüttert haben. Auch die Leute der Kirche müssen nicht nur versuchen, eine neue Form kirchlichen Lebens zu finden, sondern sie müssen ebenso versuchen, sich über den eigentlichen Sinn und das wirklich Wesentliche der Kirche klarzuwerden.

Es ist uns nicht mehr möglich, einfach einer aus der Vergangenheit ererbten Tradition zu folgen, sie zu verewigen; daher also die dringende Notwendigkeit, wachsam zu sein, seine Wahl zu treffen, das Für und Wider abzuwägen.

Die Mönche von heute suchen ihren Weg im Finstern. Wie viele andere habe auch ich meine ganze Aufmerksamkeit anspannen, all meine inneren Kräfte mobilisieren müssen, um ein monastisches Leben zu wählen, das durch die Lebensumstände so ungewöhnlich geworden ist.

Wenn man zu schreiben beginnt, wünscht man, seine Gedanken darzulegen, sie zu klären, sie für sich selbst zu formulieren und darüber hinaus, sie anderen mitzuteilen. Aber wem? Ein Autor denkt immer an seine Leser.
Man kann schreiben, um ein großes, nicht eingeweihtes Publikum mit den eigenen Ideen vertraut zu machen. Man kann schreiben, um seine Gedanken Menschen anzuvertrauen, die im gleichen Wirkungsbereich arbeiten, um sie zu überzeugen oder ihnen zu widersprechen.

Aber meine Absicht ist eine andere. Ich suche Freunde, besser gesagt, Gefährten, Mitarbeiter. Wenige sind die Menschen, die der Kirche ganz und gar ergeben sind, noch weniger die, die an das Mönchtum denken. Unter ihnen sind wieder diejenigen selten, die sich den Perspektiven des monastischen Lebens freundlich zuwenden und die Neuheit und Komplexität unserer Situation bedenken.

Ich muss Kontakte knüpfen zu dieser kleinen Gruppe, zu den wenigen verstreuten Personen, die meine Ideen teilen, einfach um zu fühlen, dass sie da sind, um ihnen vielleicht durch dieses Buch zu begegnen, damit wir, wenn auch geographisch getrennt, gemeinsam wirken können. Denn diese Aufgabe ist so groß, dass ein Leben nicht ausreicht, um auch nur das geringste Resultat zu erzielen.

Wenn wir anfangen, den Ort zu studieren, an den die Geschichte uns gesetzt, genauer, die Arten von religiösen Haltungen, die die neue geschichtliche Situation in unseren Tagen entwickelt hat, dann unterscheiden wir verschiedene Kategorien von Leuten, die unterschiedliche Ansichten über die religiöse Berufung des Menschen haben. Jede Kategorie hat ihre positiven und negativen Züge, und es ist wahrscheinlich so, dass nur ihre Summe ein authentisches Bild christlichen Lebens in vielen Facetten wiedergibt.

Wenn wir die Ausprägungen religiösen Lebens innerhalb der Orthodoxie klassifizieren, müssen wir uns darüber klar sein, dass wir neben den charakteristischen, diesem oder jenem Typ angepassten Repräsentanten eine Mehrheit von Leuten finden, die eine Mischung von mehreren Typen der Frömmigkeit zeigen. Es wird dann schwierig sein, zu definieren und zu klassifizieren, denn der Mensch ist existenziell von seiner eigenen Sicht des Christentums bestimmt und wendet sich von solchen Formen ab, die ihm fremd sind. Man kann sich nur bemühen, alle Parteilichkeit zu vermeiden.

Wenn man die Gläubigen beobachtet, mit ihnen spricht, Bücher und Broschüren liest, die religiösen Fragen gewidmet sind, ist man erstaunt, wie unterschiedlich die Menschen das religiöse Leben betrachten. Wenn man versucht, diese verschiedenen Betrachtungsweisen in mehr oder weniger definierte Gruppen einzuteilen, könnte man zum jetzigen Zeitpunkt sagen, es gebe in der Orthodoxie fünf Gruppen von Frömmigkeit:
Synodale, Ritualisten, Ästhetiker, Asketen, Evangelische.

Gewiss ist diese Klassifikation schematisch, und das Leben ist viel komplexer. Es gibt zweifellos noch andere Typen, die ich nicht herausarbeiten konnte. Aber so willkürlich sie auch sein mag, diese Klassifikation hilft, viele Phänomene unseres Lebens zu verstehen, unsere eigenen Sympathien oder Antipathien wie auch unseren eigenen spirituellen Weg besser herauszuarbeiten.
Jeder spirituelle Typus hat seine lange Geschichte, seine eigene Genese. Ein Mensch befindet sich in dieser oder jener Gruppe nicht nur wegen ihrer natürlichen Anziehungskraft, sondern auch wegen des Milieus, dem er entstammt, wegen seiner Erziehung, wegen der Einflüsse, denen er ausgesetzt war. Wir wollen versuchen, jede Kategorie zu beschreiben, ihren historischen Ursprung, ihre moralischen Eigentümlichkeiten, ihre kulturellen Eigenschaften, ihre Einflusssphäre, ihre schöpferischen Möglichkeiten und die Antwort, die sie auf die aktuellen Probleme unseres Lebens in der Kirche gibt.

Der Typ synodaler Frömmigkeit

Als die russischen Emigranten in den Westen aufbrachen, waren sie noch ganz erhitzt von ihrem Kampf, erfüllt von kriegerischem Geist und leidenschaftlich bestrebt, ihre Ideen zu verteidigen, z.B. das große ungeteilte Russland, die weiße Idee etc. Sie hatten aus Russland nicht nur das kärgliche Bündel des Verbannten mitgebracht, nicht nur die Bajonette und Standarten ihrer Regimenter, sondern auch ihre Feldkirchen mit ihren Ikonostasen, die auf faltbare Leinwand gespannt waren, geweihte Gefäße und priesterliche Gewänder. Als sie sich in den fremden Ländern einrichteten, eröffneten sie eine Sektion der Vereinigung unter den Waffen, aber auch Kirchen. So antwortete die Kirche für viele auf eine tatsächliche und lebendige Notwendigkeit, für andere war sie ein Attribut, das der russischen imperialen Idee verpflichtet war, ohne die man unmöglich von einem nationalen Eifer, von der Treue zu den aus der Vergangenheit ererbten Traditionen sprechen konnte. Die Kirche gab einem eine Art Zeugnis über gute politische und patriotische Führung, aber für ihren tieferen Sinn empfand man keine Aufmerksamkeit mehr. Wichtig war die Erinnerung an den tragischen Tod der Nationalhelden, die Jubiläen der glorreichen Regimenter, zu deren Ehren man in den Kirchen feierliche und besinnliche Zeremonien organisierte als Zeichen der Einheit und Treue zu den kostbaren Traditionen (Te Deum oder Requiem), wo alle, wenn man »Ewiges Gedenken« sang, ein Knie beugten, wo man sich wieder um die Höherrangigen versammelte. Man verschwendete Schätze an Erfindungskraft, um siebenarmige Leuchter herzustellen oder Weihrauchfässer aus Konservendosen oder um irgendeine ländliche Baracke in eine Kapelle zu verwandeln. So indiskutabel diese Notwendigkeit war, so waren die Motive oft mehr nationalistische als religiöse.

Die historischen Ursprünge dieses Verhaltens liegen sicher in der sogenannten synodalen Periode der Kirche, die der Revolution vorausging. Seit Peter dem Großen war unsere orthodoxe Kirche ein Teil des russischen Zarenreichs geworden, eine Verwaltungsbehörde unter anderen, in ein System staatlicher Institutionen integriert und durchtränkt von Ideen, Gewohnheiten und Macht. Der Staat versicherte sie seines Schutzes, ging streng gegen Verbrechen der Kirche vor und forderte umgekehrt, dass die Kirche Staatsverbrechen mit dem Bannfluch belegte. Der Staat ernannte die Kirchenobern, überwachte sie durch den Hohen Prokurator der Heiligen Synode, gab der Kirche administrative Richtlinien und flößte ihr seine Absichten und politischen Ideen ein. Zweihundert Jahre unter diesem System hatte die innere Gestalt der Kirche gewandelt: Alles spirituelle Leben war an die zweite Stelle gerückt, an der Oberfläche blieb nur eine vom Staat anerkannte offizielle Religion, die den Funktionären Bescheinigungen über Beichte und Kommunion ausstellte, ohne die sie nicht als vertrauenswürdig angesehen wurden. Dieses System hat eine bestimmte Psychologie herausgebildet, einen besonderen Typ von Christentum, Moralverhalten, Lebensart, Kunst.

Von Generation zu Generation gewöhnten sich die Menschen an die Vorstellung, dass die Kirche, so wesentlich und notwendig sie auch war, kaum mehr als ein Angebot des Staates war, dass Frömmigkeit eine Staatstugend sei, deswegen unentbehrlich, weil der Staat fromme Bürger brauchte.
Der Priester wurde vom Staat ernannt, um darüber zu wachen, dass die treuen Untertanen des Zaren die Vorschriften der Religion korrekt erfüllten. Er war gewiss ein achtbarer Mann, aber nicht mehr als ein Finanzbeamter, ein Offizier der Armee oder der Polizei (...).

Die Gläubigen hatten die Gewohnheit, einmal im Jahr zu beichten, in der Kirche zu heiraten, dort ihre Kinder taufen zu lassen, die Totenmesse für ihre Verstorbenen zu feiern sowie dem Te deum und den sog. »Zarentagen« (es handelt sich dabei um Jahres- oder Festtage des regierenden Herrschers und der Mitglieder seiner Familie) beizuwohnen. Die Frömmsten ließen singen, aber es war schlechter Stil, zu große Frömmigkeit zur Schau zu tragen (...).

In einem solchen System war kein Platz für die religiös Eifrigsten und Feurigsten. Sie gingen in die Klöster und zogen sich so von jeder sichtbaren kirchlichen Aktivität zurück oder sie revoltierten, und ihre Revolte richtete sich oft nicht nur gegen das synodale System, sondern gegen die gesamte Kirche. Auf diese Weise entwickelte sich der antireligiöse Fanatismus unserer Revolutionäre, der in seinem Anfangsstadium der reinen Flamme eines wirklich religiösen Lebens sehr nahe war. Dieser Fanatismus zog jene an, die darauf brannten, eine religiöse Heldentat zu vollbringen, sich zu opfern, eine uneigennützige Liebe zu leben, sich in den Dienst der Menschen zu stellen, eben alles das zu tun, was die Staatskirche ihnen nicht anzubieten vermochte.

Während dieser synodalen Periode wurden leider auch die Klöster von dem allgemeinen Prozess der Verwässerung des spirituellen Lebens berührt, denn die allmächtige Hand des Staates hatte sich auf sie gelegt, auf ihr tägliches Leben, auf ihre Sitten; auch sie waren behördliche Zellen der kirchlichen Verwaltung geworden. So blieben in der Kirche mehrheitlich die lauwarmen, die ihre spirituelle Begeisterung, die Sehnsucht ihrer Seele in Grenzen hielten. So breitete sich ein System moralischer Werte aus: Ordnung, Gehorsam gegenüber dem Gesetz, Maß, Pflichtgefühl, Respekt vor den Kirchenältesten, eine herablassende Fürsorge gegenüber den Jüngsten, Rechtschaffenheit, Vaterlandsliebe, Respekt vor der Autorität etc. Keinerlei Sendung wurde gefordert, und die Kreativität war durch die gut geölte Staatsmaschine nivelliert.

In den Kathedralen der Provinzhauptstadt machten sich die asketischen Heiligen rar, dort wirkten Leute eines ganz anderen Schlags: die Rektoren waren friedliche, ordinierte Erzpriester, perfekte Kenner der Gottesdienste, die sie mit Pomp und Glanz zu feiern suchten, eifrige Verwalter und Organisatoren ihrer glanzvollen und ausgedehnten Stifte, Beamte der synodalen Verwaltung, respektabel und ehrenwert, aber nicht inspiriert, nicht kreativ.

Die Kathedralen, Juwelen der synodalen Architektur, deren Geist sie zeigen, erdrücken durch ihre monumentalen Proportionen, ihr Gold, ihren Marmor, ihre riesigen Kuppeln, die ein mächtiges Echo geben, ihre schweren Königstore, ihre prächtigen Priestergewänder. Man hörte dort mächtige Chöre, die ein italienisierendes und säkularisiertes Repertoire darboten. Die Gesichter der Heiligen auf den Ikonen verschwanden unter den Überzügen von Gold und Silber, die Evangeliare waren so schwer, dass der Diakon Mühe hatte, sie aufzuheben. Er las den Text fast unhörbar, denn der Zweck war nicht, den Sinn verständlich zu machen, sondern sehr leise zu beginnen und nach und nach die eigene Stimme zur Geltung zu bringen, bis am Ende die Gläser klirrten. Alles lief darauf hinaus, die Macht, den Reichtum, die Unbesiegbarkeit der orthodoxen Kirche und des russischen Staates und dessen schützende Macht darzustellen.

Wie groß war die Verbreitung dieses Typs? Gewiss muss man nicht annehmen, dass dies die einzige Art religiösen Bewusstseins war, aber man muss sich damit zufrieden geben, auch die Spuren und Bröckchen all der anderen zu suchen, so sehr auch dieser Typ überwog. Dies erscheint umso klarer, wenn man sich erinnert, dass diese Anschauung vom Leben der Kirche und dem Weg der Religion bei uns mit dem Wachstum eines militanten Atheismus zusammentrifft.

Die Gottesleugner, die daran glauben, dass sie vom Affen abstammen, opferten ihr Leben für ihre Nächsten. Außerhalb der Kirche war es dem Einzelnen möglich, seine Liebesbereitschaft, sein Opfer und seine Taten auszuführen, denn im Innern wurde alles, was sich unterschied, alles, was gegenläufig war, als Opposition betrachtet und Kritik und Verfolgung ausgesetzt.

Die kirchliche Psychologie stützte sich auf eine sehr beständige Lebensart, und die Tradition durchdrang alles, vom Gebet bis zur Kochkunst. Es ist klar, dass kreative Kräfte sich vor diesem Hintergrund nicht entfalten konnten, denn die Kräfte des Bewahrens, des Überwachens der etablierten Ordnung waren zu stark, alles zielte ab auf die Wiederholung von Worten, Gesten, Gefühlen. Der kreative Geist braucht neue Aufgaben um aufzublühen, dort aber fand er sie weder in den Ideen, noch in der Kunst, noch im Leben. Er stieß auf den Türhüter: »Ordnung vor allem, keinerlei Neuerungen, keinerlei Kreativität«.

Der synodale Typ mit seiner Bevorzugung der staatlichen Werte, der Sitten und der Tradition hat nicht nur die Hierarchie der Werte durcheinandergebracht, sondern er hat darüber hinaus die Liebe Christi durch die egoistische Liebe zu den Dingen dieser Welt ersetzt. Es ist in der Tat schwierig, vielleicht unmöglich, Christus dort zu sehen, wo das Prinzip der Verweltlichung der Kirche triumphiert. Diese Art der Frömmigkeit hat die Vorschrift: »Gib dem Kaiser, was des Kaisers ist, und Gott, was Gottes ist« nicht in die Praxis umzusetzen vermocht. Ihre lang anhaltende Existenz hat den dem Kaiser gewidmeten Kult bevorzugt. Der römische Kaiser hat Christus nicht in der Arena besiegt, nicht in den Katakomben, sondern indem er sich zum König des Himmels erklärte und die christlichen Gebote durch die Gebote eines säkularisierten Staates ersetzte. Man kann der synodalen Ehrerbietung aus Erziehung, Gewohnheit und Tradition anhängen, aber sicher nicht, wenn man in Freiheit Christus nachfolgen will.

Vom historischen Gesichtspunkt aus begann sich dieses System um das Ende des 19. Jahrhunderts zu spalten. In der Kirche erschien ein unerwarteter und nicht wirklich erwünschter Gast der russischen Intelligenz. Wir werden über seine Rolle zu einem anderen Zeitpunkt sprechen und sagen jetzt nur, dass er sich am Anfang nicht so sehr in das innere Leben der Kirche einmischte, er blieb am Rande.

Alles änderte sich radikal mit der Februarrevolution von 1917. In der Kirche drückte sich diese Wandlung dadurch aus, dass das panrussische Kirchenkonzil abgehalten und das Patriarchat wieder eingerichtet wurde. So stark auch die Umwandlungen in der Natur der Kirche waren, sie konnten nicht ohne weiteres die Mentalität der Gläubigen verändern. Das erklärt, warum die Emigranten das Andenken an die synodale Periode der russischen Kirche, an ihre Lebensart, ihre Kunst, ihre Priester, ihre Sicht der Rolle der Kirche in der gemeinsamen patriotischen Aktion in die Fremde mitbrachten. So kommt es, dass im Ausland der synodale Typ vorherrscht (...).

Ist diese Psychologie vereinbar mit den aktuellen Problemen des kirchlichen Lebens? Die Antwort ergibt sich von selbst. Auf der einen Seite fordert das Leben mit einer solchen Beharrlichkeit, dass wir all unsere kreative Energie mobilisieren, dass eine Gruppe, die des kreativen Atems beraubt ist, auf keinerlei Erfolg Anspruch erheben kann. Andererseits ist es auf der historischen Ebene klar, dass der synodale Typus zu einer abgelaufenen Vergangenheit gehört, und es ist wenig wahrscheinlich, dass die Psychologie, zu der er verleitet, noch lange überleben wird.

Die Zukunft gehört ihm nicht, denn die Fragen, die diese Zukunft an die Kirche stellt, sind so schwierig, so neu, so fundamental, dass es schwer ist vorherzusehen, welchen Typ von Religiosität diese Zukunft hervorbringen wird.

Der Typ ritualistischer Frömmigkeit

Der Typ ritualistischer Frömmigkeit hat einen ganz anderen Ursprung. Er ist älter als der synodale Typ; er ist nie verschwunden und hat neben der synodalen Frömmigkeit gelebt, stand im Gegensatz zu ihr, ohne sie wirklich zu bekämpfen. Er war schon früher in der Kirche da, als der synodale Typ; denn das ganze moskowitische Russland war von seinem Geist erfüllt. Die Bewegung der Alt-Gläubigen wuchs in diesem Geist auf und zog eine Zahl von Ritualisten an (...).

Der Mangel an Kreativität und das niedrige theologische Niveau der moskowitischen Frömmigkeit lässt keinen Zweifel aufkommen. Moskau hatte einen großen Teil des byzantinischen Erbes angenommen, aber es hatte seinerseits nicht fertig gebracht, seinen kreativen Geist aufzunehmen und brachte ihn in eine unbewegliche Form, in einen Kult der Buchstaben, der Tradition, in eine rhythmisch wiederholte Geste, in das ganze widersprüchliche und durcheinander wirbelnde Gären des byzantinischen Genies. Indem es das byzantinische Erbe einfror, hat Moskau gleichermaßen das biblische Erbe eingetrocknet und davon nur das Knochengerüst behalten, während seine lebendige Seele von der Gnade erhellt wurde. Nach dem Wort des Propheten hat es »Gebot auf Gebot und Regel auf Regel gehäuft«. Aus dem mächtigen Fluss byzantinischer Rhetorik hat es eine Art erstarrtes Eichmaß, eine unumkehrbare Regel gemacht; damit hat es den ganzen Elan ritualisiert, den ganzen religiösen Lyrismus des Gesetzes in Halseisen gesteckt. Der treibende Ausdruck dieses rückläufigen Geistes, prunkvoll, unbeweglich, bewahrend, schuf die Kirche der Alt-Gläubigen. Ihr indiskutables Verdienst ist es, dass sie die alten Ikonen, die alten Melodien bewahrt hat: Sie hat, auf eine gewisse Weise, den lebendigen Fluß eines Rituals geschützt, das ein für alle Mal festgeschrieben ist. Sie hat so die Hierarchie der christlichen Werte bewahrt, die ihre Eingeweihten bereit waren sterben zu lassen, nicht nur wegen des Zeichens der zwei gekreuzten Finger, sondern noch mehr wegen des Rechtes, den Namen Jesu zu schreiben – Isus anstelle von Jisus. Hier zeigt sich nicht nur Unwissenheit, sondern etwas noch viel Schwerwiegenderes, das sich in seinem vollen Ausmaß erst in der folgenden Zeitepoche zeigen wird. Wir haben hier eine Glaubenssache, die wie in der Zauberkunst nicht nur dem Namen nach, sondern dem Wort nach, ja selbst in jeder Zusammensetzung der Buchstaben wirkt.

Und wer nicht die schreckliche Strafe sieht, die für diese Annäherung an die Wahrheit Christi vorgesehen ist, er trete nur in ein Haus des Gebetes der Alt-Gläubigen ein; er wird dort alles sehen, an dem sie seit Jahrhunderten festhalten: alte unschätzbare Ikonen, ehrwürdige Bücher, Hymnen, die mit Hilfe von Neumen aufgezeichnet sind, all das, wofür sie bis zum Martyrium gekämpft haben. Es fehlt nur eines: die prunkvolle Ikonostase mit in kostbarstes Metall gekleideten Ikonen. Sie ist angelehnt an eine blinde Mauer: Man findet dahinter weder ein Heiligtum noch einen Altar noch einen Opfertisch, denn dort gibt es kein Sakrament. Alles wurde bewahrt außer der lebendigen Seele der Kirche (...).

Sie haben den Geist der Form, die Liebe dem Ritus geopfert. Uns droht, mit der Form, dem Ritus, aber dem Verlust des Geistes und der Liebe sitzen zu bleiben (...).

Da die Menschen in der offiziellen, kalten, institutionellen Kirche erstickten und da sie keinen Zugang zu den lebendigen Quellen des Glaubens fanden, gaben sie synodale Frömmigkeit auf und suchten Zuflucht in den Riten, die sie dem offiziellen Bürokratismus entgegensetzten. Dieser Ritualismus hat gemeinsame Züge mit dem Ästhetizismus und dem Asketismus, aber dennoch unterscheidet er sich: Die Akzente sind unterschiedlich gesetzt.

Worin besteht der moralische Aspekt des Ritualisten? Was ist sein geistlicher Gehalt? Seine vorherrschende Sorge gilt der absoluten spirituellen Bequemlichkeit, der vollständigen Unterordnung seines inneren Lebens unter einen äußeren, bis ins kleinste Detail ausgearbeiteten Rhythmus. Dieser äußere Rhythmus umschließt alles. Im Äußeren der Kirche kennt er den geistlichen Sinn aller Einzelheiten des täglichen Lebens, er beobachtet die Jugendlichen, er sieht von Tag zu Tag den Zyklus der Liturgie, er entzündet die Nachtlichter im vorgeschriebenen Augenblick, er macht sein Kreuzzeichen ganz korrekt. Im Innern der Kirche toleriert er keine deplazierte Geste, keinen spontanen Elan. Es gibt genau festgesetzte Stellen, bei denen er niederkniet, andere, bei denen er sich verneigt, andere, bei denen er sich bekreuzigt. Er weiß, hart wie Eisen, dass es nicht passt, zwischen Pfingsten und Himmelfahrt das Knie zu beugen, er weiß, wie oft er im Jahr beichtet, und vor allem, er hat bis zum kleinsten Detail den Kanon der Liturgie studiert, er ist entrüstet und irritiert, wenn man irgend etwas bei der Zelebration auslässt.

Als Antwort bleibt er meist gleichgültig gegenüber dem, was man Unbegreifliches liest oder zu schnell gelesen hat. Er ist kein Mensch, der besonders die zu Hause Bleibenden liebt, das Te Deum oder die Hymnen Singenden. Nein, seine Offizien bevorzugen die seltensten, die des großen Fastens. Er bevorzugt besonders die komplexen Feiern, die aus dem Zusammentreffen eines festliegenden Festtermins mit einem beweglichen Fest stammen, wenn z.B. das Fest Verkündigung mit den letzten Tagen der Karwoche zusammenfällt. Die Form, die Struktur der Feier stiftet in seinen Augen den tiefen Sinn oder ein sinnvolles Gebet. Er ist ein wilder Verteidiger des Slawischen: der Gebrauch des Russischen in der Kirche ist für ihn mit Blasphemie gleichzusetzen. Er liebt das Slawische aus Gewohnheit und er stimmt nicht zu, dass man schlecht übersetzte, am falschen Platz stehende oder unverständliche Ausdrücke korrigiert. Lesungen, die mehrere Stunden dauern, versetzen ihn in einen besonderen Zustand der Anbetung, schaffen in ihm einen spirituellen Rhythmus, der in seinen Augen mehr zählt als der Inhalt.

Seine eigenen Gebete sind lang, er hat eine ständige und unveränderbare Regel ausgearbeitet, um sie zu sprechen. Diese Regel enthält viele Wiederholungen der gleichen Gebete am gleichen Ort. Das Evangelium oder das Vaterunser haben keinen besonderen Wert, sie sind nur ein Teil dieser ein für alle Mal festgesetzten Regel. Wenn man ihm sagt, man verstünde diesen oder jenen Abschnitt nicht, sei es, dass der Sinn nicht klar ist, sei es, dass der Vorleser zu schnell liest, so wird er antworten, es sei nicht nötig zu verstehen. Das geistliche Leben eines Ritualisten ist bis ins kleinste Detail geregelt: Er hat eine bestimmte Methode gelernt, sich in eine spirituelle Verfassung zu bringen, er kann sagen, wie man atmen muss, wie die Körperhaltung während des Gebetes sein muss und ob die Füße warm oder kalt gehalten werden müssen.

Unverkennbar stammt dieser Andachtstyp aus orientalischen Religionen, aus dem Derwischismus, dem Hinduismus, der sich in einem wilden Glauben auf die Magie des Wortes stützt und auf den Rhythmus dieser Geste. Es ist ebenso wahr, dass dieser Glaube an die Magie seine sehr reellen Wurzeln hat, und dass man dank dieser Methode zu großen Dingen kommt: zu einer großen inneren Disziplin, einer großen Beherrschung seiner selbst und zu chaotischen Widersprüchen in der Seele und selbst zur Beherrschung der Nächsten, zu einer völligen Harmonie des inneren und äußeren Lebens, ja sogar zu einer bestimmten Form wohl kontrollierter Inspiration.

Die einzige Sache, die nicht auf diesem Weg gegeben wird, ist die Liebe. Man spricht vielleicht alle Sprachen der Menschen und der Engel, aber man hat keine Liebe.

Indessen treten die Liebeswerke in den allgemeinen Rhythmus des Lebens eines Ritualisten ein, der weiß, dass er Almosen geben muss, vor allem in der Fastenzeit (wenn er trockenes Brot zu den Gefangenen schafft), er ist sogar fähig, ein Werk der Wohltätigkeit zu organisieren, Gasthäuser zu bauen, Suppenküchen für die, die keinen Pfennig haben, einzurichten, aber das Motiv, das ihn zu dieser Art Tätigkeit treibt, ist die Vorschrift, die in den allgemeinen Rhythmus seines Lebens tritt, damit es teilhat an dem Entwurf der Welt (...).

Heute hat dieser Typ der Frömmigkeit die Tendenz, sich auszubreiten, so groß sind Einsamkeit und Niedergeschlagenheit, in die sich die Seele des modernen Menschen gestürzt sieht. Sie sucht nicht die Heldentat, sie fürchtet eine unübersehbare Last, sie will die Desillusion weder suchen noch kennen. Die verdünnte Luft ohne geheiligte Liebe geht über ihre Kräfte. Wenn das Leben die Seele nicht geschont und ihr nicht den äußeren Erfolg und die Festigkeit gegeben hat, sucht sie fieberhaft den inneren Komfort, eine innere Welt, die vollkommen bestimmt und geregelt ist. Sie wirft einen soliden Schleier über das Chaos, gewoben aus dem, was überkommen und autorisiert ist, und das Chaos hört auf, sie zu quälen. Sie kennt die Kraft des magischen Exorzismus, der oft in obskuren Formeln ausgedrückt wird; wie ein Derwisch kennt sie die Macht der Gesten und der Haltung. Dort wird sie geschützt und beruhigt.

Das erklärt den Erfolg dieses ritualistischen Frömmigkeitstyps, und es ist wahrscheinlich, dass er noch lange bestehen wird. Die Epoche begünstigt sein Reifen. In der Welt um uns bemerken wir einen Durst nach genauen Anweisungen: wie glauben, warum kämpfen, wie sich benehmen, was sagen, was denken?

Die Welt dürstet nach autoritären Führern, die eine blinde Masse leiten. Wir kennen die schrecklichste Diktatur, die es jemals gegeben hat – die Diktatur einer Idee. Ein unfehlbares Zentrum unter einer Partei oder einer befehlsgewohnten »Gedankenpolizei«, die auf solche Weise handelt, und alsbald lässt sich der Mensch dazu bringen, überredet von der Unfehlbarkeit der Anleitung, seine innere Welt umzuändern im Dienst dieser Weisung (...).

Es ist unmöglich, über kreative Möglichkeiten zu sprechen, denn da, wo es eine immerwährende Wiederholung von Regeln gibt, kann man keine kreative Spannkraft erwarten. Seit unvordenklichen Zeiten steht der Ritualismus dem Prophetentum und der Kreativität entgegen. Sein Streben ist zu bewahren, nicht zu zerstören oder aufzubauen. Wo der Ritualismus triumphiert, heißt das, dass der Geist der Schöpferkraft und der Freiheit für viele Jahrzehnte auf Eis gelegt wird.

Aber die Hauptfrage, die man dem Ritualisten stellen möchte, ist: Was ist seine Antwort auf die Gebote Christi über die Liebe zu Gott und die Liebe zu den Menschen? Gibt es einen Platz für die Liebe? Wo bleibt der Mensch, für den Christus hinabgestiegen ist? Zugegeben, bei dem Ritualisten macht sich oft eine Form der Liebe zu Gott bemerkbar, es ist aber kaum ersichtlich, wie sich diese Liebe bei den Menschen ausbreitet.

Christus, der sich von den Schriftgelehrten und Pharisäern abgewandt hat, Christus, der zu den Sündern, den Prostituierten und Zöllnern gegangen ist, ist sicher nicht der Lehrmeister dessen, der sich fürchtet, den Rock schmutzig zu machen, der Körper und Seele dem Buchstaben geweiht hat, der nur die kanonische Regel achtet, die Maß und Gewicht seines ganzen Lebens geworden ist. Er fühlt sich bei guter moralischer Gesundheit, denn er erfüllt die Vorschriften der moralischen Hygiene. Aber hat Christus uns nicht gesagt, dass nicht die Gesunden den Arzt nötig haben, sondern die Kranken?

Heute haben wir zwei Festungen dieser traditionellen, legalistischen, patristischen und paternalistischen Orthodoxie: den Berg Athos und Valaam. Es ist eine Welt, die sich von unseren Sünden und unseren Tätigkeiten abgekoppelt hat, eine Welt treuer Diener Christi, eine Welt der Kontemplation und der Gotteserkenntnis. Was beschäftigt diese Welt der Heiligkeit am meisten in dieser aktuellen Stunde? Wie betrachtet sie die Unglücksfälle, die uns bedrängen, die neuen Lehren, die Häresien, den Mangel, die Verfolgungen der Kirche, die Märtyrer Russlands, den in der ganzen Welt schwindenden Glauben, das Vertrocknen der Liebe?

Die Frage, die heute für die Menschen am wichtigsten, am wesentlichsten, am dringendsten scheint, ist die nach dem Gebrauch des alten oder neuen Kalenders bei der Feier des Gottesdienstes! Es ist schwierig, im Blick auf diese Frage von Liebe zu sprechen: Lebt die Liebe nicht außerhalb des julianischen oder gregorianischen Kalenders? Man wird sich aber auch erinnern, dass der Menschensohn sich als Meister über den Sabbat erklärt und genau diesen Sabbat im Namen der Liebe verletzt hat.

Der Ritualist ist Sklave des Sabbats und folgt nicht dem Weg des Menschensohnes. Und es liegt einiges an Schrecklichem und Bedrohlichem in der Tatsache, dass auf dem Athos und in Valaam, in diesen Jahrhunderte alten Festungen der authentischen orthodoxen Spiritualität, der Mensch nicht erwarten kann, eine einzige Antwort auf viele Fragen, die das Leben betreffen, zu bekommen.

Anstelle des lebendigen Gottes, anstelle Christi, des Gekreuzigten und Auferstandenen, haben wir da etwa ein neues Idol nötig, das sich unter dem Mantel des Kalenders, der Riten, Regeln und Verbote zeigt und den Aspekt eines Sabbats annimmt, der über den Menschensohn triumphiert? Man kann über den Triumph des Heidentums in der Welt erschrecken, das

Christus im Namen des Staates, der Nation, der sozialen Idee, des kleinen bürgerlichen Komforts verrät. Man erschrickt aber mehr über ein Heidentum, das im Innern der Kirche die Liebe Christi durch die Achtung vor dem Sabbat ersetzt.

Der Typ ästhetischer Frömmigkeit

Es ist schwierig, die Entwicklung des Typs ästhetischer Frömmigkeit zu definieren. Man kann voraussetzen, dass er seine Repräsentanten zu allen Zeiten hatte, so auch zu der Zeit, als die Kirche schwierige Probleme zu bewältigen hatte und als sie, selbst verfolgt, um das Wesen des Christentums kämpfen musste.

Nach einer alten Legende wurde die Geburt des Christentums im Russland Kiews durch einen Akt der Frömmigkeit von ästhetischem Charakter begründet. Der hl. Wladimir verglich die Religionen nicht nach ihrem Inhalt, sondern nach ihrem Einfluss aufgrund ihrer Form. Und wenn er die Orthodoxie wählte, so geschah es wegen der Schönheit ihrer Gesänge, der Harmonie ihrer Liturgie und des ästhetischen Schocks, den er dort empfand. Die Schriftsteller des moskowitischen Russland widmen lange Seiten der lieblichen Beschreibung der Schönheit der Orthodoxie.

Das 19. Jahrhundert hat den Ästhetizismus kaum geschätzt, aber es sah eine Gestalt wie Constantin Léontiev aufstehen, für den die Schönheit das Kriterium der Wahrheit war. Léontiev wandte sich der zeitgenössischen religionslosen und kleinbürgerlichen Welt zu, die er hässlich nannte, während die Orthodoxie Inhaberin der Schönheit war.

Im 20. Jahrhundert fallen zwei Faktoren zusammen: der glänzende Aufschwung des Ästhetizismus in der kulturellen russischen Elite und der massive Eintritt dieser Elite in die Kirche. Es ist nicht erstaunlich, dass der ästhetische Typ der Frömmigkeit vorherrschend wurde. Zu Anfang versprach er, viele der unersetzlichen Werte zu fördern. Der Ästhetizismus war immer gebunden an einen bestimmten Kult der vergangenen Zeit. In seiner Blütezeit war man an alter Kunst interessiert, man studierte die alten Ikonen, öffnete die Ikonen-Museen, schätzte Roublev und andere Künstler. Man hat das alte Lied wieder entdeckt, den Stil von Kiew und Valaam hat man wieder in Gebrauch genommen. Die religiöse Architektur wurde dank der Veröffentlichung zahlreicher Werke über Kunstgeschichte bekannt. Diese Leistungen sind unleugbar positiv.

Aber diese ästhetische Annäherung an den Glauben hat nach und nach einen moralischen Typ gebracht, der leicht entkernt werden kann. Die Schönheit und ihr Verständnis waren immer Sache einer Elite, es gab einen unvermeidlichen kulturellen Aristokratismus. Die den Wert des Ästhetizismus verteidigen, teilen fatalerweise die Welt in Freunde, die diese Werte verstehen, und in weltliche Feinde. Die glauben, Schönheit sei das Wesentliche im Leben der Kirche, teilen die Menschheit in zwei Gruppen: der eine Teil, eine kleine Gruppe »Wissender«, der andere Teil: die Menge der Gleichgültigen, die aus den Mauern der Kirche hinaus geworfen werden. Das Mysterium ist nur einem kleinen Teil offenbart; aber

Sünder, Prostituierte setzen sich nicht dem Herren zu Füßen – alle, die zu einfach sind, um eine Befriedigung in dem ästhetischen Wissen zu finden. Indem der Mensch die Ästhetik für das einzige Kriterium, das einzige Maß der Dinge hält, fühlt er sich als Teil eines Ganzen und fühlt sich verpflichtet, es nicht zu zerstören, nichts zu verrücken. Er anerkennt es und unterwirft ihm sein inneres Leben: alles so, wie der Ritualist und der Legalist, er organisiert teilweise sein tägliches Leben und macht daraus ein großes Verdienst.

Der Ästhet wird immer von der Vergangenheit angezogen, vor allem von der naiven Volkskunst. Auch ist er geneigt, von solchen Teilen der Liturgie zu schwärmen wie vom Kanon des hl. Andreas von Kreta etc. Sobald er den Wert dieser künstlerischen Texte kennt, hebt er ihren archaischen Charakter oder auch die harmonische Komposition hervor. So ersetzt das ästhetische Kriterium das spirituelle und beseitigt nach und nach alle anderen. Der Ästhet geht so weit, die Gläubigen als verbindlichen Zierat der ganzen Feier zu betrachten oder schlimmer, als profane Störenfriede und wütend Gewordene, die wegen ihrer Unwissenheit, ihrer Ungeschicklichkeit oder manchmal wegen ihrer persönlichen Sorgen oder ihrer Ansprüche die allgemeine Atmosphäre der Frömmigkeit und Harmonie stören.

Der Ästhet stützt seine Freude auf die Weihrauchwolken, lässt sich einwiegen von alten Melodien, bewundert die Nüchternheit der Ikonen von Nowgorod, hört die etwas naiven Umdrehungen der Verse (...).

Es ist offensichtlich, dass es nicht nötig ist, in dieser Frömmigkeit des Ästhetizismus Liebe zu suchen, dort ist nichts als Hass. Man findet nur kalte und hochnäsige Verachtung gegenüber dem Profanen; eine exstatische Bewunderung der Schönheit; eine Trockenheit, die oft dem Formalismus nahe ist; einen Wunsch, diese Welt so harmonisch, so gut organisiert zu sehen, sie vor jedem Einbruch von Schmutz, vor jedem falschen Zeugnis zu bewahren (...)

Das Unglaubliche und Merkwürdige ist, dass der Ästhetizismus sich unter den Russen auszubreiten scheint, einem Volk, das des Sinnes für Harmonie und Form beraubt zu sein scheint. Seine feurige, beschwingte, ja chaotische Natur sollte es vor der Versuchung zum Ästhetizismus bewahren. Wer weiß, ob das nicht das Gesetz des Gegensatzes ist, das hier spielt, das den Menschen veranlasst, seine natürlichen Neigungen lieber zu kompensieren als zu äußern. Oder ist es die Unfähigkeit, seine chaotische Natur zu ertragen, die in die entgegengesetzte Maßlosigkeit treibt? (...).

Dieser Typ ästhetischer Frömmigkeit kann nicht behaupten, sich großer Verbreitung zu erfreuen, weil er sich wesentlich auf eine intellektuelle Elite stützt. Nicht die Zahl, sondern die kulturelle Qualität charakterisiert die Träger dieses Frömmigkeitstyps, nämlich eine kleine Gruppe, die einen großen Einfluss auf das Leben der Kirche und deren ganzen Stil hatte und noch hat. Worin besteht dieser Einfluss? Welche schöpferische Kraft unterhält ihn? (...)

Die Konservatoren sind zweifellos niemals und in keiner Weise Schöpfer, weil sie zu sehr das Werk des Nächsten bewundern, was in ihnen die Psychologie eines Museumsdirektors, eines Sammlers, eines Spezialisten, eines vergleichenden und nicht die eines schöpferischen Menschen entwickelt. Die Schöpferkraft, die tatsächlich raffinierteste Kunstwerke hervorbringt, ist wirklich brutal. Der schöpferische Akt klingt nach Endergebnis, nach Zustimmung, beginnt aber damit, irgend etwas zurückzuweisen. Indem man etwas ablehnt, weil es den Platz für das Neue räumen soll, wird das Alte missachtet und auch für zerstörungswert betrachtet. Die Museums-Psychologie ist nicht vergleichbar der des schöpferischen Aktes: die eine ist bewahrend, die andere revolutionär.

Welches sind die Zukunftsperspektiven dieses Frömmigkeitstyps? Unser hartes, mühsames und durch Widersprüche zerfetztes Leben wendet sich mit all seinen Leiden und gewöhnlichen Spannungen zur Kirche hin. Sie fordert einen schöpferischen Geist, nicht nur fähig, die Vergangenheit neu zu betrachten und zu verwandeln, sondern auch das Neue aufzunehmen, zu antworten auf neue Besorgnisse, neue Schichten, die oft unbebaut und traditionslos sind. Die Kirche wird vom niederen Volk überschwemmt werden, die Kirche wird durch Leiden gewonnen, die Kirche wird auf sein Niveau heruntergedrückt werden. All das scheint das Schicksal der ästhetischen Elite zu bestimmen, aber diese Elite, die sich auszudrücken weiß, gibt vor, alle Reichtümer der Kirche zu besitzen und denkt nicht daran, ihre Vorstellung von kirchlicher Schönheit zu verändern, herabzusetzen, zu verraten. Sie ist gleicherweise unfähig, sich aus Liebe zu opfern, sie verteidigt standhaft, was sie für den Felsen der Kirche hält, selbst auf die Gefahr hin, den Weg zum Profanen zu versperren.

Und die Masse wird stöhnen: Unsere Klagen verbrennen uns, die sozialen Kämpfe und der Hass vergiften uns, unser tägliches Leben ist eine Wüste, wir haben keine Antwort auf die Fragen von Leben und Tod! Jesus, komm uns zu retten!

Zwischen der Masse und Christus werden die Hüter der Schönheit des Kleides Christi stehen: Sie werden antworten, dass Hass und Kampf eure Gesichter verunstaltet hat, die tägliche Arbeit die Gabe der Kontemplation und den Sinn für Schönheit ins Gegenteil verkehrt hat, so dass sie das nicht genießen können, was sie nicht schätzen können: die melodischen Gesänge, die sanfte Modulation der Lesungen, den Weihrauch, die selige Ohnmacht der Schönheit schließt wie eine Wolke das leidende Antlitz Christi ein und bringt die Seufzer zum Schweigen, neigt die Köpfe und schläfert die Hoffnung ein. Die einen wollen sich für eine Zeit in dieser einhüllenden Harmonie bergen, die anderen gehen weg. Ein Abgrund tut sich zwischen Kirche und Leben auf.

Die Ästheten, Hüter der Schönheit wollen diesen Abgrund im Namen der Harmonie, des Rhythmus, des Zusammenhangs, des Schönen bewachen. Die anderen ziehen sich auf die andere Seite zurück, ohne zu versuchen, ihn zu überspringen. Sie wollen ihr Elend, ihren Kampf, ihre Bitterkeit, ihre Hässlichkeit behalten; sie glauben nicht mehr, dass man mit einer solchen Last zur Kirche gehen kann oder muss. In einer solchen Gesellschaft ohne Gott, ausgeliefert der Verzweiflung werden falsche Erlöser, falsche Propheten, Prediger vom gleichen Schlag erscheinen, mehr oder weniger ungebildet und gewöhnlich. Täufer, Sekten, Evangelikale, Adventisten etc. werden dieser hungrigen Menge einige elementare Wahrheiten, einen mageren Ersatz religiösen Lebens, ein wenig Wohlwollen und viel hysterische Reden anbieten. Einige werden sich einnehmen lassen, weil sie angezogen werden von der Aufmerksamkeit, deren Objekt sie sind; sie merken nicht den Schlag gegen das authentische Christentum, dass man ihnen ein zweifelhaftes Festessen anbietet aus einer Mischung von Unkultur, Freundlichkeit und Scharlatanerie.

Diese schwarze Suppe tut ihre Wirkung, die einen noch tieferen Abgrund zwischen Kirche und Welt schaffen will. Unter der guten Hut der Amateure der Schönheit und einer manipulierten und aggressiven Welt kann dieser Abgrund auf immer bestehen bleiben.

Wer sagt es? Augen, die die Vision der Liebe bewahrt haben, werden Jesus sehen, wie er dieses Heiligtum verläßt, sanft, diskret, beschützt von einer schönen Ikonostase. Die Gesänge werden weiterhin erklingen, die Weihrauchwolken sich erheben, die Gläubigen werden einen sanften und exstatischen

Kult der Schönheit feiern, aber Christus wird sich durch den Vorhof entfernen und sich unter die Menge der Bettler, der Aussätzigen, der Verzweifelten, der ermordeten Herzen, der Narren in Christus mischen. Christus wendet sich den Gekreuzigten zu, geht in die Gefängnisse, die Hospize, die geschlossenen Häuser. Aufs Neue gibt er seine Seele für seine Freunde. Vor ihm, der Wahrheit und der ewigen Schönheit, repräsentieren sie unsere Schönheit und unsere Hässlichkeit. Ist unsere Schönheit nicht Hässlichkeit angesichts seiner ewigen Schönheit? Oder sieht er nicht in unserer Hässlichkeit, in unserem elenden Leben, in unseren Klagen und in unseren verwundeten Seelen sein eigenes göttliches Bild, den Widerschein seiner Herrlichkeit, seiner ewigen Schönheit? Und er wird in die Kirchen zurückkehren, begleitet von all jenen, die er zum Hochzeitsmahl gerufen hat, aufgesammelt aus den Ecken der Straßen, den Bettlern, den Kranken, den Prostituierten und den Sündern.

Will Gott vielleicht nicht, dass die Wächter der Schönheit, verliebt in allen Glanz der Welt, seine Schönheit und allen Glanz der Welt in den Tempel hineinlassen, weil er von dieser Menge umgeben ist, die von Sünde, Hässlichkeit, Trunksucht, Laster und Hass entstellt ist? Denn dann würden sich ihre Gesänge im Raum auflösen, der Weihrauch würde sich verflüchtigen und jemand würde ihnen sagen: »Denn ich war hungrig, und ihr habt mich gespeist; ich war durstig, und ihr habt mich getränkt; ich war fremd, und ihr habt mich beherbergt; ich war nackt, und ihr habt mich bekleidet; ich war krank, und ihr habt mich besucht; ich war im Gefängnis, und ihr seid zu mir gekommen.« (Mt 25,35-36)

Der ästhetische Frömmigkeitstyp läuft Gefahr, zu dem Ergebnis zu kommen, dass das Gewand Jesu, nämlich die Großartigkeit der Feiern und die Schönheit der Gesänge, Christus selbst ersetzt. Die Harmonie, die zum Kultobjekt wird, wird zu einem Idol, dem die menschlichen Herzen, das eigene wie das des Nächsten geopfert werden. Die ganze Hässlichkeit der Welt, ihre Klagen, ihr Schmerz sind zurückgedrängt, maskiert, damit sie die wahre Frömmigkeit nicht trüben.

Selbst Leiden und Tod unseres Herrn unterliegen der gleichen Veränderung: Sein menschliches Leiden, seine Niedergeschlagenheit gewinnen eine ästhetische Form und steigen auf zu seliger Andacht. Nein, die Liebe ist eine zu schreckliche Sache, sie muss hinabsteigen in die unergründlichen Tiefen des menschlichen Geistes, sich unverhüllt zeigen bis zum Verlust jeder Form, bis zur Zerstörung der Harmonie, ihr Platz ist nicht dort, wo Schönheit regiert, die ein für alle Mal eingesetzt ist.

Wenn man nach den Dienern Christi fragt, nach den Nachfolgern der Apostel und der Jünger, fragt man sie nicht, ob sie dem Beispiel ihrer Vorgänger folgen, d.h. heilen, predigen, die Liebe des Herrn ausbreiten; man fragt sie nur nach einer Sache: ob sie Diener des Kultes, Opfernde im heidnischen Sinne des Wortes sind. Und der Priester wird nach seiner

Verbundenheit mit den Riten, seiner Kenntnis der Regeln, der Musikalität seiner Stimme, dem Rhythmus seiner Gesten etc. beurteilt. Es bedeutet wenig, wenn er weiß, wie ein guter Hirte seine Herde weidet; oder wenn er sie verlässt, um das Tier zu suchen, das vom Weg abgekommen ist, und sich zu freuen, wenn er es wiedergefunden hat.

Es gibt augenblicklich in der Sowjetunion ein beunruhigendes Phänomen: Der Kirche ist praktisch alles verboten, predigen, lehren, Werke der Nächstenliebe tun, die Gläubigen in Gemeinschaft versammeln; nur eine Sache ist ihr erlaubt, nämlich zelebrieren. Ist das ein Zufall oder ein Mangel an Aufmerksamkeit? Oder Berechnung, psychologisch veredelt, begründet mit der Tatsache, dass ein orthodoxer Gottesdienst ohne Werk der Liebe, ohne ein Leben der Leistung, ohne göttliches Wort nur die befriedigen kann, die schon glauben, die ein gewisses Verständnis der religiösen Dinge haben? Aber diese gleiche Liturgie ist machtlos angesichts einer säkularisierten und um Gott gebrachten Gesellschaft, für die ganze Wahrheit Christi einzutreten. Ein von geistigem Hunger gequälter Mensch wird die Schwelle einer Kirche überspringen und die Schönheit dessen, was sich dort zeigt, schätzen, aber sie wird nicht seinen Hunger stillen, denn er kann sich nicht mit Schönheit allein zufrieden geben. Die Liebe will er und eine Antwort auf seine Zweifel.

So hat die Macht die Pforten der Kirche verschlossen. Aber selbst dort, wo diese nicht wirksam ist, ist es der Wille einer Gruppe von Gläubigen mit kaltem

Herzen, die Pforten der Kirche zu schließen, wobei sich die Kirche im Namen der Schönheit und der abstrakten, abgemessenen und trockenen Formen von der Welt isoliert.

Es wäre vielleicht für die Kirche wertvoller, wenn ihr jede Feier untersagt und die Versammlung der Gläubigen in die Katakomben getrieben würde; denn nur auf die Zelebration zurückgeworfen, verliert die Kirche jede Möglichkeit, der Welt die ganze Liebe Christi und die Tatsache, dass sie nur in ihm und durch ihn lebt, zu zeigen.

Der Typ asketischer Frömmigkeit

Der Typ der asketischen Frömmigkeit ist nicht nur dem Christentum eigen. Man findet ihn in allen Epochen und in der Geschichte aller Religionen ohne Ausnahme. Ebenso kann man sagen, dass Askese Ausdruck der wesentlichsten Eigenschaft des Menschen ist: Sie findet sich im Hinduismus, im Islam, im antiken Heidentum; es gibt sie selbst in den Gesellschaften ohne jede Religion, z.B. in den revolutionären Strömungen des 19. Jahrhunderts. Die Zeiten, in denen das Leben der Kirche nicht von Askese geprägt war, waren Zeiten des Niedergangs, der Erstarrung, der Regression, des Fehlens von Kreativität. Genauso haben Geschichtsepochen der bürgerlichen Gesellschaft, die nicht das Siegel der Askese trugen, immer deutlich Sterilität, fehlende Kreativität gezeigt. Das Ordensleben ist immer asketisch, denn es fordert vom Menschen, dass er alles im Namen der höchsten kreativen Werte opfert, und parallel dazu ist das kreative Leben immer asketisch, denn es fordert gleicherweise vom Menschen, dass er alles im Namen der höchsten spirituellen Werte opfert.

Man kann sagen, dass die asketische Haltung in der Kirche niemals tot war; aber es hat Zeiten gegeben, in denen sie zurückgegangen ist.

Es scheint unmöglich, von einem asketischen Typ der Frömmigkeit in der gleichen Weise zu sprechen wie von den anderen Typen, da die Askese ewige Tiefen des Ordenslebens aufleben lässt. Manchmal gibt es auf Seiten dieser authentischen Askese ein sehr charakteristisches Phänomen, von dem ich sprechen möchte, indem ich es reliefartig hervorhebe und gleichzeitig von der allgemeinen Askese distanzieren möchte.

Diese Art besonderer Askese hat ihre Wurzeln nicht im Christentum, sondern in den orientalischen Religionen; sie ist unter dem Einfluss dieser Religionen in das Christentum gekommen. Der wesentliche Unterschied zu diesen liegt in dem Motiv, das den Menschen dazu treibt, einem asketischen Weg zu folgen, denn die Motivationen können im Unendlichen liegen, nicht alle sind gänzlich vereinbar mit dem Christentum.

Aus dem Hinduismus hat sich die Yoga-Spiritualität entwickelt; in unserer Zeit nimmt man die Askese in okkulte Unterweisungen auf, in die Anthroposophie. Von da her gewinnt die Askese eine spirituelle Kraft: sie wird zu einer physischen Übung, die die natürliche Lebenshaltung des Menschen zügelt und verändert, damit er Macht über die Seele und die Natur gewinnt. Mit Hilfe der geduldig wiederholten Übungen kann man den Körper dem Willen unterwerfen, man kann Macht über die Materie und den Geist gewinnen. In gleicher Weise wie der Sportler die Gewandtheit bekommen kann, wie der Kämpfer einer bestimmten Anweisung folgen muss, um seine Muskelkraft zu entwickeln, wie der Sänger Gesangsübungen machen muss, um seine Stimme zu schulen, so muss der Asket dieses Typs bestimmten Anweisungen folgen, die gleichen Übungen wiederholen, besondere Nahrung zu sich nehmen, einen besonderen Rhythmus des Lebens haben, seine Gewohnheiten zügeln, sein Leben in der Weise organisieren, dass die Kraft, die die Natur in ihn gelegt hat, sich vergrößert. Objektiv ruht diese Askese auf dem Prinzip der Vermehrung der natürlichen Reichtümer, ihrer Entwicklung und ihrer Anwendung.

Es gibt dort keine Transzendenz, keine Ahnung von der Existenz einer höheren Macht. Dieser Mensch erwartet nichts und glaubt an nichts. Aber er weiß, dass in der begrenzten Welt der Natur noch nichts festgelegt ist, dass die Möglichkeiten riesig sind, dass man über alles, was lebt, Macht und Gewalt gewinnen kann, unter der Bedingung, sich mit dem von dem himmlischen undurchdringlichen Baldachin begrenzten Platz zufrieden zu geben. Die Kräfte der Natur sind unermesslich. Es gibt in der Tat keine Quelle der unbegrenzten und unerschöpflichen Kräfte. Deshalb begnügt sich der okkultistische Asket ohne Unterlass, alle natürlichen Möglichkeiten anzuhäufen, zu horten, zu bewahren. Undiskutable Erfolge sind auf diesem Weg möglich.

Was kann man im Grunde genommen beanstanden, was kann man diesem so besonderen spirituellen Naturalismus entgegenhalten? Das Einzige in der Welt, das stärker ist, ist die Lehre von der Armut im Geist, das Opfer seiner selbst, die freie Gabe, der verschwenderische Gebrauch seiner spirituellen Kräfte, die grenzenlose Entäußerung seines Geistes. Die einzige Definition, die stärker ist, liegt in den Worten: »Ich bin der Diener des Herrn.«

Mögen diese Worte das eigentliche Wesen der christlichen Seele und der christlichen Beziehung zur natürlichen Kraft des Menschen ausdrücken; aber es ist nicht weniger wahr, dass eine antichristliche, okkultistische Sicht der Askese in unsere christliche Frömmigkeit eingedrungen ist unter dem Einfluss der alten orientalischen Spiritualiät, besonders über Syrien und seinen besonderen Charakter von Religiosität. Übertreiben wir diesen Einfluss nicht, aber behalten wir im Gedächtnis, dass es ihn gibt.

Es gibt noch einen anderen Fall, bei dem die Askese aufhört dazu zu dienen, hohe spirituelle Werte zu erreichen und statt dessen ein Ziel an sich wird: wenn der Mensch asketische Übungen nicht ausführt, damit sie ihm helfen sich zu befreien, sondern nur deshalb, weil sie mühsam sind und Anstrengung brauchen. Sie bringen ihm nichts, nichts in der Beziehung zur äußeren Welt, nichts in seinem spirituellen Fortschritt, aber es gefällt ihm, dass er die Übersteigung seiner selbst nicht erreicht hat; er muss weitermachen, um sich wohlzufühlen. Sich abtöten, um sich abzutöten, im besten Fall gelehrig den disziplinarischen Anforderungen gehorchen lernen, das sind Verfälschungen des asketischen Weges.

Der Mensch, der das ganze Übel der Erbsünde mit sich trägt und durch das Blut Christi zum Heil berufen ist, denkt an das Heil seiner Seele. Dieses Ziel bestimmt alles, bestimmt die Feindschaft gegenüber dem, der diesen Weg des Heils und die Mittel, dorthin zu kommen, behindert. Das ist so, wie wenn der Mensch auf eine lange Straße gesetzt wird, die zu Gott führt, wo alles mitläuft, sei es, um zu verlangsamen, sei es um sein Fortschreiten zu betreiben. Es gibt dann nur zwei Dimensionen: den ewigen Schöpfer der Welt, den Erlöser meiner Seele, und diese schlechte kleine Seele, die sich zwingt, Ihn zu treffen.

Welches sind die Mittel, auf diesem Weg fortzuschreiten? Das sind an erster Stelle die Abtötung des Fleisches, das Gebet und das Fasten: nämlich zurückzuweisen, was einen an diese Welt bindet; das bedeutet Gehorsam, der den sündigen Willen tötet, wie eben das Fasten, das das sündige und begehrliche Fleisch tötet. Dieser Gehorsam beruht darauf, dass man den kleinsten Regungen der Seele Aufmerksamkeit schenkt, alle Werke beachtet, die getan werden müssen. Aber man darf nicht seine ganze Seele darauf festlegen, denn diese hat eine einzige Sorge: ihr Heil. Was die ganze Welt angeht, ihr Unglück, ihre Leiden, die Arbeit, die den Menschen in allen Bereichen erwartet, das ist nicht nur ein riesiges Laboratorium, ein Experimentierfeld, wo man den Gehorsam ausübt und den Willen beherrscht. Wenn ich aus Gehorsam den Stall säubern oder Kartoffeln schälen muss, Aussätzige versorgen oder für die Kirche Almosen sammeln oder Katechesen halten soll, muss ich das tun mit der gleichen Berufsauffassung, der gleichen Demut.

Wie ich unablässig meine Tugenden unter Beweis stellen muss, so muss ich auch die Akte der Nächstenliebe erfüllen, aber diese Liebe ist ein Aspekt meines Gehorsams: Es ist mir geboten zu lieben, und so muss ich auch lieben. Die Grenzen dieser Liebe scheinen klar, denn alles hier auf dieser Erde hat seine Grenzen: Wenn ich alles liebe, muss ich immer wieder auf den Geist achten, damit meine wesentliche Aufgabe bleibt, mein Heil zu sichern. Denn so weit meine Liebe zu meinem Heil beiträgt, ist sie mir nützlich, aber wenn sie anstatt meine innere Welt zu bereichern, sie ruiniert, muss ich sie alsbald zügeln und mäßigen.

Die Liebe ist keine Übung der Frömmigkeit, keine gewöhnliche Beschäftigung wie jede andere Aufgabe. Das Einzige, das zählt, ist die respektvolle und gehorsame Haltung vor Gott, meine Beziehung zu Gott; der beständige Wunsch, seine ewige Barmherzigkeit zu betrachten. Die Welt kann untergehen in Sünde und Schlechtigkeit aller Art; das ist nur eine unwesentliche Menge, angesichts des unbeweglichen Lichtes der göttlichen Vollkommenheit; der ganze Rest ist nur ein Feld der Erfahrung, ein Stein, der meine Tugend anregen kann. Dass ich doch einiges der Welt geben könnte, ich, eine elende Kreatur, beschmutzt von der Erbsünde, erfüllt von Fehlern und Sünden, es kann keine Frage sein! Mein Blick geht in mein Inneres, wo ich Verfall, Wunden und Geschwüre sehe. Daran denkend, muss ich bereuen, weinen, und schließlich alle Hindernisse für mein

Heil wegschaffen. Wie kann ich mich um die anderen Unglücklichen sorgen, um meine Tugend zu üben?

So ist die Haltung unseres Asketen. Im Kontakt mit ihm ahnt man nicht im Voraus, dass er eine so besondere Vorstellung von der christlichen Liebe hat, denn man sieht ihn Almosen geben, Kranke besuchen, aufmerksam gegenüber dem Unglück der Menschen sein. Aber wenn man ihn aufmerksam beobachtet, bemerkt man, dass er sich durch diese sich opfernde Liebe nicht ändert, sondern sie als eine asketische Aufgabe sieht, die dazu bestimmt ist, sein Heil zu sichern. Er weiß, dass nach den Worten des Apostels die Liebe über alles geht, was bedeutet, dass, um die Seele zu retten, auch die Liebe ihren Platz haben muss; so übt er sich in diese Tugend ein und zwingt sich zu lieben, so sehr, dass die Liebe nicht zerstörerisch und nicht gefährlich wird. Sie ist wohl fremd und schrecklich, die Heiligkeit oder die Pseudo-Heiligkeit, die sich auf diesem Weg offenbart! Denn man sieht einen wahren spirituellen Fortschritt, eine aufstrebende Linie, aber man fühlt einen Mangel an Wärme und Großmut, ja sogar Nähe zum Geiz. Der Mensch, die Seele des Menschen, die Seele meines Nächsten ist nicht Ziel, sondern Mittel, eine einzige Seele zu retten: die meine. Diese Sicht des Christentums ist oft eine Mitgift der mutigen und starken Christen, sie kann eine Gelegenheit zum Fall für wertvolle Wesen werden, bereit zum Opfer, nahe dem Gottesreich. Ihr Reiz liegt in ihrer unendlichen Reinheit, in dieser enormen Anspannung. Was soll man zu diesen Christen sagen? Wie sich ihrem so reifen, so angespannten Geist widersetzen, der schon auf den höchsten Berggipfeln wandert? Wie dieser Versuchung entfliehen?

Nur die folgenden Worte können uns schützen:

Wenn ich in den Sprachen der Menschen und Engel redete, hätte aber die Liebe nicht, wäre ich dröhnendes Erz oder eine lärmende Pauke.
Und wenn ich prophetisch reden könnte und alle Geheimnisse wüsste und alle Erkenntnis hätte; und wenn ich alle Glaubenskraft besäße und Berge damit versetzen könnte, hätte aber die Liebe nicht, wäre ich nichts.
Und wenn ich meine ganze Habe verschenkte, und wenn ich meinen Leib dem Feuer übergäbe, hätte aber die Liebe nicht, nützte es mir nichts. (1 Kor 13,1-3)

Wenn man die wahre Natur der Dinge mit diesem Maß misst, beginnt man zu merken, dass das asketische Verzichten eine raffinierte Form des Egoismus ist, eine ungebührliche Form, bei der es unannehmbar ist, sich zu schonen (...).

Welche Rolle kann diese Form der Askese im Leben der Kirche spielen? Nehmen wir das gegensätzliche Problem: Die ganze Welt ist verweltlicht und sündig, viele Menschen streben danach, sie zu verlassen, viele haben Böses getan, weil sie das Schauspiel einer von Hass und Leiden deformierten Welt sehen wollten. Das ist die Liebe selbst, die hier in Frage gestellt ist. Es ist schwierig, in einer säkularisierten Welt zu leben. Um so dringender wird die Sehnsucht nach himmlischer Höhe. An diesem Punkt ist die Welt von keinem Nutzen, sie wird unheilvoll für die Seele des Asketen, der sein eigenes Heil sucht. Auch der Stolz reizt sie, sie zu verlassen, um nicht in Gefahr zu geraten. Oder die glühende Spannung des asketischen Geistes, die der menschlichen Seele in allen geschichtlichen Epochen eigen ist, hat immer gewisse Menschen in die Höhen geführt, wo sie den Staub der Welt von ihren Füßen abschütteln können, um den einzigen Akt, der des Menschen würdig ist, zu vollbringen: ihre Seele zu retten.

Ich würde mich jetzt gern ein wenig bei einigen Besonderheiten der gegenwärtigen Welt aufhalten. Innerlich und äußerlich geht es unserer Welt schlecht. Die Aussicht auf einen unmittelbar drohenden Krieg, der mundtot gemachte Geist der Freiheit, die Revolutionen und Diktaturen, die die umliegenden Völker zerreißen, die Klassenkämpfe, der Niedergang der moralischen Werte; es gibt keine Krankheit, der unsere moderne Zeit entkommen wäre.

Wir sehen indessen um uns eine Menge von Leuten, die den tragischen Charakter unserer Epoche nicht wahr haben wollen, eine Selbst-Befriedigung, die nichts verdüstert, eine totale Abwesenheit von Zweifeln, eine spirituelle und körperliche Sattheit, die bis zur Geschmacklosigkeit geht. Es ist nicht dasselbe wie ein Festmahl bei der Pest, denn ein solches Festmahl verheimlicht ein solches Gefühl der Tragik, das zur Reue und zur Hellsicht führt, eingeschlossen den Mut der Verzweiflung. Wenn sich bei diesem Festmahl ein Mensch findet, der bereit ist, sein Herz der Welt zu schenken, wird er ohne weiteres die Worte finden, zur Liebe aufzurufen.

Aber was tut man heute in der Situation einer Pest-Epidemie? Man zählt seinen mageren Tagesverdienst und am Abend geht man ins Kino. Niemand fragt nach dem Mut, den die Verzweiflung gibt, denn es gibt keine Verzweiflung, unsere Zeitgenossen sind völlig zufrieden, und ihre Seele ist in Frieden. Tragisch ist die Psyche des modernen Menschen!

»Die Seele durch Worte entflammen?« (Zitat von A. Puschkin) Aber diese Seelen sind feuerfest! Auf ihre Zweifel antworten? Aber sie haben keine! Sie sind sich ihrer kleinen Tugend sicher und fühlen sich nicht schlechter als andere!

Wenn sie ein Gemälde vom jüngsten Gericht anschauen, ist das das ewige Glück der Gerechten? Aber sie glauben nicht daran, sie begnügen sich vollkommen mit dem kleinen irdischen Glück. Und diese Undurchsichtigkeit, diese Unbeweglichkeit, diese Selbst-Zufriedenheit unserer modernen Gesellschaft ist schwer zu ertragen, unser Herz lehnt sie ab, denn sie ruft mehr Verwirrung als Mitleid hervor. Also, so denken wir, haben wir gute Gründe, den Staub von unseren Füßen abzuschütteln, denn man sieht nicht, wie unsere Einmischung in dieser kleinlichen Welt das, was ist, ändern könnte.

Denn es ist so, dass sich eine besondere Form hohen geistigen Egoismus entwickelt. Der Mensch ist durch seine Ohnmacht ausgelöscht, der Mensch hat mit Genauigkeit und Finessen alle seine Sünden, seine Inkonsequenzen, seinen Fall erforscht, er sieht die Mittelmäßigkeit seiner Seele, er bereut seine Sünden, aber seine Reue nimmt ihm nicht das Gefühl seiner Mittelmäßigkeit, er ändert sich nicht, auch kehrt er ohne Aufschub zurück zum einzigen Schauspiel, das ihn interessiert: dem der Mittelmäßigkeit seiner sündigen Seele. Die Welt färbt sich im Schimmer des Brandes, der die Seele des Asketen entzündet; schlimmer, er verbraucht sich ganz in dieser Glut.

Aber diese Art, das Christentum kennenzulernen, reizt den Menschen, genau diesen Augenblick einer Analyse zu widmen, die von ihm selbst im Kampf mit seinen Leidenschaften sehr vertieft wurde im Gebet um sein Heil. Welches Gebet erhebt sich zum Schöpfer des Universums, dem Herrn der Welt, dem Erlöser der Menschheit? Manchmal bittet er Gott, ihm die letzten und schrecklichen Gnaden zu geben, aber manchmal fordert er vom Schöpfer des Universums, ihm ein kleines und bescheidenes Gebet zu gewähren, ihm einen »friedlichen und leidenschaftslosen Schlaf« zu schenken.

Der geistliche Egoismus setzt sich an die Stelle der echten Askese. Er isoliert den Menschen vom Universum, er macht aus ihm einen spirituellen Geizhals und dieser Geiz verbreitet sich schnell, denn der Mensch gibt sich Rechenschaft darüber, dass je mehr er anhäuft, desto mehr sich seine Seele leert. Das ist ein eigenartiges Phänomen des geistlichen Lebens: alles, was der Mensch nicht weggegeben hat, was er gehütet hat und was nicht aus Liebe geopfert wurde, wird denaturiert, degeneriert, verbraucht sich. Wer sein Talent vergraben hat, wird weggeschleppt, und es wird dem gegeben, der mit den Seinigen Frucht gebracht hat.

Jede Anhäufung von Gütern macht leer, trocknet aus, führt zum spirituellen Tod, zur Entartung, zur Zerstörung des geistigen Gewebes, das den Menschen ausmacht. Ein erstaunlicher Prozess: Der Egozentrismus führt unfehlbar zum Sattsein, zur Unmöglichkeit, die Nahrung korrekt aufzunehmen. Man kann ohne Zögern sagen, dass der spirituelle Egozentrismus, der diesem Gesetz unterworfen ist, Gefahr läuft, zum geistigen Tod zu führen. Das ist ohne Zweifel das Schrecklichste, was einen Menschen befallen kann. Denn wahre geistige Werte durch falsche zu ersetzen, verstellt den Blick für jene, zieht eine Revolte gegen echte Werte mit sich.

Der Typ evangelischer Frömmigkeit

Der Typ evangelischer Frömmigkeit ist der ewige Typ so wie die evangelische Botschaft immer in den Tiefen der Kirche lebendig ist, die für uns widerscheint in den Gesichtern der Heiligen, die mit ihrer Flamme auch außergewöhnliche Menschen außerhalb der Kirche erleuchten.

Es ist selbstverständlich, dass der Ausdruck »evangelisch« nichts mit der Religionsgemeinschaft gleichen Namens zu tun hat, die aus dem Evangelium nur eine gewisse Anzahl moralischer Vorschriften genommen hat und ihr eine etwas merkwürdige und primitive Dogmatik über die Heilsbotschaft der zweiten Geburt hinzugefügt hat. Sie hat all das gewürzt mit ihrer Aversion gegenüber der kirchlichen Institution und hat sich zum Dienst an diesem Produkt bestellt, indem sie es als authentisches Christentum bezeichnet.

Der evangelische Geist, der das religiöse Gewissen belebt, weht, wo er will, bringt aber Unglück über die Epochen oder die Einzelnen, die nicht von ihm inspiriert sind. Aber glücklich die, die seinen Wegen folgen, selbst ohne ihn zu kennen.

Was charakterisiert den evangelischen Geist am besten? Das ist der Wille, das Leben christus-förmig zu machen, womit Kirchentreue und Christianisierung verbunden sind.

Sein Leben kirchentreu zu gestalten, darunter verstehen manche, man müsse sein Leben dem Rhythmus der Anbetung in der Kirche, seine Gefühle dem ordo des liturgischen Zyklus unterwerfen, in sein tägliches Leben gewisse liturgische oder gar kanonische Elemente einführen.

Was die Christianisierung angeht, ist sie oft verstanden worden wie die Injektion einer guten Dosis christlicher Moral, um unsere instinktive animalische Grausamkeit zu korrigieren. Andererseits wird auch die Verkündigung des Evangeliums in der ganzen Welt eingeschlossen.

Christusförmig sein beruht auf den Worten: »Nicht mehr ich lebe, Christus lebt in mir«. Das Bild Gottes, die Ikone Christi sind mein wahres und authentisches Wesen, das einzige Maß der Dinge, der einzige Weg der Nachfolge, die mir gegeben sind.

Jede Bewegung meiner Seele, jede meiner Beziehungen zu Gott, zu den Menschen, zur Welt definieren sich durch die Fähigkeit, das Bild Gottes, das in mir ist, auszudrücken. Wenn sich zwei Wege in mir treffen, und ich zögere, wenn alle menschliche Weisheit, die Erfahrung, die Tradition, wenn alles mir einen der Wege anzeigt, wenn ich aber fühle, dass Jesus auf der anderen Seite ist, muss ich meine Zweifel zum Schweigen bringen und gegen die Erfahrung, die Traditionen und die Weisheit auf dem Weg Jesu gehen. Abgesehen von dem spontanen Gefühl, Jesus habe mich auf diesen Weg gerufen, gibt es objektive

Zeichen, die mir sagen, ich irre mich nicht, ich bin nicht Opfer meiner Einbildung, meiner Subjektivität, meines Gefühls.

Christus hat den Menschen zwei Gebote gegeben: Gott lieben und den Menschen lieben. Alle anderen, auch die Seligpreisungen, sind nur Anwendungen dieser zwei Gebote, die das ganze Neue Testament erschöpfend zusammenfassen, verkündigt von Christus selbst. Das ganze Leben Christi auf Erden ist nur eine Anwendung des Mysteriums der Liebe zu Gott und der Liebe zum Menschen. Das ist das einzige Maß der Dinge. Das Bemerkenswerteste daran ist, dass sich diese Wahrheit nur in dieser Verbindung offenbart. Denn begrenzte Liebe zum Menschen führt in die Sackgasse eines anti-christlichen Humanismus, aus der man manchmal nur herauskommt, indem man den Menschen negiert und die Liebe, die man ihm - im Namen der Humanität – schuldet. Was die Liebe zu Gott ohne die Liebe zum Menschen angeht, wird sie durch Jesus verurteilt: »Heuchler! Wie kannst du Gott lieben, den du nicht siehst, wenn du deinen Nächsten verachtest, der neben dir ist.«

Diese Verbindung vereinigt nicht zwei gegensätzliche oder von einander entfernte Prinzipien, es ist die Symbiose von zwei Seiten eines Ganzen. Diese Gebote sind zwei Sichtweisen einer Wahrheit: Wenn ihr die eine niederreißt, zerstört ihr das Ganze. Unterdrückt ihr die Liebe zum Menschen, dann unterdrückt ihr den Menschen; denn ihn nicht lieben, heißt ihn verneinen, ihn zu einem Nichtexistierenden machen, und ihr habt nicht mehr die Mittel, Gott zu erkennen.

Denn Gott wird dann wirklich zu einer Verneinung, nur negative Definitionen sind dann anwendbar. Wenn ihr die Humanität zurückweist, weist ihr das Menschliche in euch zurück, da euere Menschlichkeit das Bild Gottes in euch ist und der einzige Weg, das Urbild zu betrachten (...)

Wenn wir nicht lieben, wenn wir keine Beziehung zum Menschen haben, verurteilen wir uns zur Taubstummheit, zu einer Blindheit gegenüber dem Göttlichen. Der Logos, der Sohn Gottes in seinem Heilswerk, hat nicht nur menschliches Fleisch angenommen und es dadurch für immer geheiligt und für die Vergöttlichung vorgesehen, sondern auch das göttliche Wort in dieser bescheidenen menschlichen Sprache inkarniert. Insofern ist die Gute Nachricht ebenso Offenbarung, Lehre, Sprache, durch die die Menschen ihre Gefühle, ihre Zweifel, ihre Gedanken, ihre guten oder schlechten Taten ausdrücken. Von da her ist die menschliche Sprache Ausdruck des inneren Lebens des Menschen, der geheiligt und erhoben ist, das Innere des Menschen auszudrücken.

Auf der anderen Seite kann man nicht wirklich den Menschen lieben, ohne Gott zu lieben. Schauen wir ein wenig auf das, was wir im Menschen lieben, wenn wir nicht das Bild Gottes in ihm sehen. Auf was stützt sich diese Liebe?
Sie wird zu einer Form übermäßigen Egoismus, in dem jeder Mensch einen besonderen Teil seiner selbst findet: Ich liebe in ihm, was mir gleicht, was

mich bereichert, was mich erleuchtet, mich ablenkt oder mich erfreut.

Wenn es nicht so ist, wenn ich wünsche, eine desinteressierte Liebe zu zeigen, die immer antireligiös ist, dann verlässt solche Liebe ein konkretes Wesen aus Fleisch und Blut und wendet sich an einen abstrakten Menschen, an die Menschlichkeit, an eine Idee vom Menschen, und das endet mit Gewissheit beim Opfer des konkreten Individuums auf dem Altar dieser abstrakten Idee, des allgemeinen Falles.

Es gibt in der Welt zwei Arten von Liebe: die gibt, und die nimmt. Das lässt sich auf alle Arten von Liebe anwenden und nicht nur auf die Liebe zum Menschen. Jeder kann seinen Freund, seine Familie, seine Kinder, die Wissenschaft, die Kunst, sein Vaterland, seine Idee, sich selbst und selbst Gott auf zweierlei Weisen lieben. Sogar die vollkommensten Formen der Liebe können diesen ambivalenten Charakter haben.

Nehmen wir z.B. die mütterliche Liebe. Eine Mutter kann sich oft selbst vergessen, sich für ihre Kinder aufopfern, aber das zeigt nicht, wie weit sie ihre Kinder mit einer christlichen Liebe liebt. Man muss sich fragen, was sie in ihnen liebt. Sie kann sehr wohl ihr Spiegelbild, ihre zweite Jugend, die Erweiterung ihres Ich in ihrem anderen Ich lieben; das dann zu einem Wir wird, ausgeschlossen vom Rest der Welt. Sie kann in ihnen ihr eigenes Fleisch, ihre Charakterzüge, ihren Geschmack, die Fortsetzung ihres Geschlechts lieben. Infolgedessen versteht man nicht gut, wo der Unterschied zwischen egoistischer Liebe des eigenen Selbst und aufopfernder Liebe für die Kinder liegt, zwischen dem Ich und dem Wir. Denn das ist nur eine leidenschaftliche Liebe zu dem, der zu einem gehört, die aber blind bleibt für den Rest der Welt, die nicht die eigene ist. Eine solche Mutter geht so weit zu denken, dass ihr Kind unwahrscheinlich erfolgreicher ist als die anderen, dass seine Krankheiten, sein Versagen härter sind als die der anderen, dass es nicht ausgeschlossen ist, manchmal das Wohlbefinden und die Sättigung eines anderen Kindes zu opfern zum Vorteil des eigenen. Sie geht so weit zu denken, dass der Rest der Welt (sie eingeschlossen) gerufen ist, ihrem Kind zu dienen, es zu ernähren, es zu erheben, ihm alle Wege zu ebnen, alle Hindernisse, alle Konkurrenten wegzuräumen.

Ja, das ist ein Beispiel fleischlicher mütterlicher Liebe. Nur eine Mutter, die in ihrem Kind das wirkliche Bild Gottes sieht, das, was nicht etwas Besonderes ist, sondern was in allen Menschen widerscheint; eine Mutter, die versteht, dass dieses Bild ihr anvertraut ist, unter ihre Verantwortung gestellt ist mit dem Ziel, es zu entwickeln, es aber auch zurückzusetzen, damit sie den unvermeidlichen Opfern des ganzen christlichen Lebens Trotz bieten und heroisch das Kreuz tragen kann, das auf jedem Jünger Christi liegt, nur eine solche Mutter liebt ihr Kind mit einer wahrhaft christlichen Liebe. Diese Liebe macht sie hellsichtig für das Unglück anderer Kinder, und ihr Herz, voll von dieser christlichen Liebe, wird sich weiten, die ganze Menschheit in Christus zu lieben.

Dieses Beispiel ist frappierend, aber gewiss gehört jede Liebe zu dem einen oder anderen der beiden Typen. Ich kann mein Vaterland mit einer sinnlichen Liebe lieben, wollen, dass es Erfolg hat, indem es herrscht und alle seine Feinde ausradiert. Aber ich kann es christlich lieben und hoffen, dass die Wahrheit Christi sich mit großem Glanz offenbart.
Ich kann die Kunst oder die Wissenschaft mit sinnlicher Liebe lieben, wenn ich vor allem mich berühmt machen, Ehre daraus ziehen will. Ich kann sie auch mit einer christlichen Liebe lieben – wenn ich sie als meine Aufgabe ansehe und darin Verantwortung übernehme, dass die Gabe Gottes mich in diesem Gebiet erfolgreich sein lässt.

Ich kann eine Idee besonders lieben, weil sie meine Idee ist, und ich kann sie eifersüchtig und leidenschaftlich allen anderen entgegen setzen. Aber ich kann darin auch eine Gabe Gottes sehen, die mir angeboten ist, damit ich lebenslang seiner ewigen Wahrheit diene.
Das Leben selbst kann ich sinnlich oder hingebungsvoll lieben. Und auch an den Tod gibt es zwei mögliche Annäherungen. Es gibt sie in Analogie zu den zwei Weisen, Gott zu lieben: die eine betrachtet ihn als eine Art himmlischen Beschützer meiner (oder unserer) irdischen Wünsche, die andere gibt bescheiden ihr kleines menschliches Leben als Opfer in seine Hände. Zwischen diesen beiden Arten Liebe gibt es nichts Gemeinsames.

Was soll im Licht dieser christlichen Liebe die asketische Großtat des Menschen? Wie soll man die wirkliche Askese wiederfinden, die selbst unaufhörlich vom spirituellen Leben wegfließt? Ihr Maß ist eine Liebe totaler Entsagung gegenüber Gott und den Menschen. Dagegen ist die Askese, die alles auf das eigene Heil setzt, die ihre Seele vor der Welt behütet, die im spirituellen Egozentrismus ruht in der Furcht sich zu verausgaben, sich sogar in altruistischen Handlungen zu verlieren, nicht christlich.

Wer hilft uns den Weg, dem wir folgen sollen, abzuwägen, zu definieren? Haben wir einen Vorläufer, einen Archetypos? Hat er, der Weg, eine Grenze? Ja, es ist der Weg des von Gott geschaffenen Menschen, der Weg Christi auf Erden. Das Wort ist Fleisch geworden, Gott ist leibhaftig Mensch geworden. Er ist in der Krippe von Bethlehem geboren.

Das allein genügt, um von der Liebe Christi zu sprechen, einer grenzenlosen Liebe. Alles andere leitet sich davon ab. Denn in dieser Grotte von Bethlehem hat der Menschensohn geruht, sein eigentliches Sein, seine göttliche Natur zu verlassen. Es gibt nicht zwei Gottheiten, eine, die im Himmel geblieben ist, im Innersten der Heiligsten Dreifaltigkeit, und die andere, die Sklave geworden ist. Nein! Es gibt nur einen Sohn Gottes, den Logos, der sich erniedrigt hat und der Mensch geworden ist. Indem er seinem Weg folgte, hat er gepredigt, Wunder getan, prophezeit, geheilt, hat Hunger und Durst gehabt, ist vor das Tribunal des Pilatus gegangen, bis zum Weg des Kreuzes, bis Golgotha, bis zum Tod. Dieser Weg ist der seiner menschlichen Erniedrigung.

Wie war die Liebe Christi? War er Ökonom? Hat er seine spirituellen Gaben abgemessen? Hat er gezögert, etwas zu geben? War er geizig? Seine Göttlichkeit war ganz und bis zum Ende in seine Menschlichkeit eingebunden, angespuckt, erniedrigt und gekreuzigt. Sein Kreuz, das Instrument einer entehrenden Qual, ist für die Welt das Symbol der selbstaufopfernden Liebe geworden. Niemals und nirgends, von Bethlehem bis Golgotha weder in seinen Gesprächen noch in seinen Parabeln noch in seinen Wundern hat Christus einen Vorwand gegeben, anzunehmen, er habe sich nicht ganz für das Heil der Welt geopfert, er hüte eine Art Reserve, sein Heiliges, das zu opfern er nicht gewollt oder gewagt habe. Nein! Sein Heiliges, nämlich seine Göttlichkeit hat er für die Sünden der Welt gegeben, und in dieser Fülle liegt die Kraft seiner vollkommenen göttlichen Liebe.

Nichts auf die Seite legen, nicht nur auf die materiellen Güter verzichten, sondern alles in christliche Liebe umformen und es auf sich nehmen wie sein Kreuz! Christus hat auch gesagt (und er sprach nicht von seiner vollkommenen Liebe, sondern von der Liebe, die die menschliche Unvollkommenheit erfüllen kann): »Niemand hat größere Liebe, als wer sein Leben für seine Freunde gibt« (Joh 15,13).

Wer würde reduzierend das Wort »Seele« durch »Leben« ersetzen! Denn es ist die Seele, von der der vollkommene Christus sprach, vom Opfer seiner inneren Welt, vom ganzen Opfer ohne Vorbedingungen ist die Rede wie von der höchsten Grenze, die die christliche Liebe erreichen muss. Einmal mehr, es geht nicht darum, die spirituellen Reichtümer zu retten: Es geht darum, alles zu geben.

Und seine Apostel haben diesen Weg verfolgt. Der hl. Paulus drückt es in radikalster Weise aus, wenn er, fast paradox, sagt, er ziehe es vor, von Christus getrennt zu sein, um seine Brüder gerettet zu sehen. Er, der anderswo sagt, es sei nicht er, der lebe, sondern Christus lebe in ihm. Für ihn bedeutet tatsächlich von Christus getrennt zu sein, von seinem Leben getrennt zu sein, nämlich vom ewigen unvergänglichen Leben in der kommenden Welt.

Um zu wissen, wohin uns das Christentum führt, genügen seine Beispiele. In Wahrheit sucht die Liebe nichts für sich, selbst wenn es sich um das Heil der Seele handelt. Die Liebe nimmt uns im Gegenteil alles weg, raubt uns alles, entleert uns ganz. Wohin führt sie uns? Zur geistlichen Armut. In den Seligpreisungen ist der Armut im Geiste Glück verheißen. Dieses Gesetz ist so schwer zu verstehen, dass die einen in dem Wort Geist einen späteren Zusatz sehen und diese Worte wie einen Appell zu materieller Armut verstehen, auf die Güter dieser Welt zu verzichten. Andere gehen so weit, die Wahrheit ihrer Natur zu entkleiden, indem sie von geistiger Armut sprechen, vom Verzicht auf den Gedanken, auf jeden verständlichen Inhalt. Und dennoch sind diese Worte im

Licht der anderen evangelischen Texte leicht zu verstehen. Der Arme im Geiste ist der, der seine Seele für seine Freunde gibt, der in Liebe die Gabe dieses Geistes gibt und nicht knausert mit seinen geistigen Reichtümern.

So erhellt sich der geistliche Sinn des Gelübdes der Armut, das den Armen im Geiste in seiner monastischen Profess zum Ordensmann macht. Es ist klar, dass es sich nicht nur um den Verzicht auf materielle Güter handelt, auf die elementare Liebe zum Geld. Es handelt sich um geistigen Verzicht. Was steht dem entgegen? Welcher Mangel steht mit der Tugend des Verzichts in Wechselbeziehung? Es gibt deren zwei: Geiz und Habsucht, die, da sie ein Paar sind, oft verwechselt werden. Man kann gleichzeitig geizig und verschwenderisch sein. Man kann geizig sein, ohne deshalb um jeden Preis sich das Gut des anderen anzueignen zu suchen. Der eine wie der andere dieses Mangels ist in der materiellen Welt tadelnswert und um so mehr in der spirituellen.

Der Verzicht stößt uns nicht nur darauf, die Wohltaten für unsere Seele begierig zu suchen, sondern auch nicht geizig zu sein, immer »unsere Seele« in Liebe hinzugeben, um schließlich in die geistige Blöße, in die Wüste der Seele zu kommen, in der Weise, dass wir nichts Sakrales oder Kostbares haben, das wir nicht bereit wären, im Namen der Liebe Christi hinzugeben. Dieser geistige Verzicht ist der Weg der »Narren in Christus«.

Die Narrheit in Christus der Weisheit dieser Welt gegenüber zu stellen, ist das Glück der Armen im Geiste, die äußerste Grenze seiner Liebe und das Opfer seiner Seele, das ist der Verzicht Christi aus Liebe zu seinen Brüdern, das ist das totale Verlassen seines Ich. Jeder Ton, jedes Wort des Evangeliums führen uns auf diesen urchristlichen Weg.

Warum revoltiert die Weisheit dieser Welt gegen dieses Gebot Christi? Warum versteht sie es nicht? Weil die Welt sich zu allen Zeiten auf die natürlichen, materiellen Gesetze gestützt hat und geneigt war, diese Gesetze in ihr geistiges Besitztum zu übertragen. Was die materiellen Gesetze angeht, so ist damit zu vergleichen: wenn ich ein Stück Brot anbiete, habe ich mich um dieses Stück Brot ärmer gemacht, wenn ich eine Summe Geld ausgebe, habe ich diese Summe weniger. Wenn ich dieses Gesetz übertrage, denken die meisten Leute: »Wenn ich meine Liebe gebe, habe ich mich um diesen Anteil an Liebe ärmer gemacht, und wenn ich meine Seele gebe, bin ich wirklich ruiniert, und mir bleibt nichts, was ich retten kann.«

Aber in diesem Bereich sind die geistigen Gesetze den natürlichen diametral entgegengesetzt. Der ganze geopferte geistige Schatz kommt nicht nur zum Geber zurück, sondern vergrößert und erholt sich. Wer gibt, bekommt, wer sich arm macht, wird reicher. Wir geben unsere materiellen Güter und wir empfangen unermessliche göttliche Gnaden zurück. Wer sei-

ne Seele ausliefert, bekommt ewiges Glück dafür: den Erwerb des himmlischen Reiches.
Wie erlangt man es? Indem man sich von Christus trennt in diesem Akt des höchsten Verzichts auf sich selbst und die Liebe.
Wenn dieser Akt wirklich ein Akt christlicher Liebe ist, wenn dieser Verzicht authentisch ist, dann wird er Christus in der Beziehung zu den anderen Menschen begegnen. So wird das Geheimnis der Vereinigung mit dem Menschen zum Geheimnis der Vereinigung mit Gott. Die sprudelnde Liebe kann niemals die Quelle austrocknen lassen, die nährt, denn diese Quelle der Liebe in unserem Herzen ist die Liebe selbst: Christus.

Es handelt sich um eine wahrhafte Entleerung (kenosis), vergleichbar der, die Christus gekannt hat, als er Mensch wurde und sich ganz hingab. Es ist so, dass wir uns ganz bis zum Ende verbrennen und uns ganz der Liebe zum andern geben müssen, um in ihm die ganze Macht des Bildes Gottes, das in uns ist, zu empfangen.

Es ist so: Wer durch die Weisheit dieser Welt zurückgestoßen wurde, wie heftig ihre Gesetze auch seien, ist dadurch zum Symbol der göttlichen Liebe geworden. Das Kreuz ist Torheit für die Griechen, Ärgernis für die Juden, aber für uns ist es der einzige Weg zum Heil. Es kann darin keinen Zweifel geben: wenn wir uns so für einen anderen Menschen aus Liebe hingeben, sei es ein Unglücklicher, ein Kranker oder ein Gefangener, so begegnen wir in ihm von

Angesicht zu Angesicht Christus selbst. Er selbst hat es uns in seinen Worten über das Jüngste Gericht gesagt, indem er uns zeigt, wie er die einen zum ewigen Leben ruft, weil sie ihre Liebe den Unglücklichen bezeugt haben, und wie er die weit von seinem Angesicht entfernt, die ihm ihres trockenen Herzens wegen nicht geholfen haben. Es sind wir selbst, die Grund unseres Misserfolgs sind, unser trockenes Herz, unsere knauserige Seele, unser ungeschickter Wille, unser fehlendes Vertrauen in seine Hilfe.

Das ist, so scheint mir, der evangelische Typ der Frömmigkeit. Aber es wäre falsch zu glauben, diese Frömmigkeit würde ein für alle Mal in den vier Evangelien offenbart und in der Apostelgeschichte kommentiert. Nein! Sie offenbart und manifestiert sich ständig in der Welt. In jedem Augenblick erfüllt sie sich in der Eucharistie, diesem kostbarsten Schatz der Kirche, dieser wichtigsten Weise, in der Welt zu wirken. Die Eucharistie ist das Sakrament der sich opfernden Liebe: dort liegt ihr ganzer Sinn, ihre ganze Symbolik, ihre Kraft. In ihr ist Christus aufs Neue freiwillig geopfert für die Sünden der Welt, und aufs Neue sind die Sünden der Welt ans Kreuz geschlagen worden. Und er gibt seinen Leib und sein Blut für das Heil der Welt. Indem er sich der Welt zur Nahrung gibt, verbindet er die Welt geistig mit seinem Leib und seinem Blut.

Christus rettet nicht nur die Welt durch sein Opfer, sondern er verwandelt jeden Menschen in sich selbst, in Christus, d.h. dass er ihn in gleicher Weise in seine geheiligte Liebe zur Welt einbezieht. Er nimmt dieses Fleisch der Welt an. Er gibt es für das Heil der Welt hin und er verbindet aufs Neue die Welt mit diesem geopferten Fleisch. Mit ihm und in ihm ist es auch die Welt, die Christus im Opfer für die Vergebung der Sünden hingibt, und auf irgendeine Weise aus diesem Opfer der Liebe einen Anspruch macht: der einzige Weg, auf dem die Welt sich mit ihm vereinigen, d.h. gerettet werden kann. Auch die Welt erhebt er auf das Kreuz. Er macht sie zur Verschworenen seines Todes und seines Ruhmes.

Die Worte des eucharistischen Gebetes sind bezeichnend: »Das, was für dich ist, ist auf der Stelle für dich, wir opfern dich in allem und für alles.« Eucharistie ist das Evangelium in Aktion, es ist immer auf den letzten Stand gebracht, beständig erfüllt, das Opfer Christi und des christusförmigen Menschen für die Sünden der Welt. In ihm wird das Fleisch der Welt vergöttlicht, mischt sich aufs Neue mit dem Fleisch der Welt. In diesem Sinn ist die Eucharistie eine wirkliche Vereinigung mit Gott.
Ist es nicht erstaunlich, dass auch in ihr der Weg zur Vereinigung mit Gott gebunden ist an die Vereinigung mit den Menschen? Denn dieser Weg setzt voraus, dass man den Ruf annimmt: »Lieben wir die einen und die anderen, damit wir in demselben Geist bekennen....«

Aber wenn die opfernde Liebe der Eucharistie die Mitte des kirchlichen Lebens ist, wo sind dann die Grenzen, wo sind die Peripherien dieser Mitte? Man kann sagen, dass das Christentum eine ständige Liturgie außerhalb des Tempels ist. Was bedeutet das? Das bedeutet, dass das unblutige Opfer für die Sünden der Welt durch uns nicht an einem genau festgelegten Ort erfüllt werden muß, auf dem Altar des bestimmten Tempels, sondern dass die ganze Welt sich als Altar eines einzigen Tempels wiederfindet, dass wir für diese universale Eucharistie unsere Herzen als Brot und Wein geben müssen, damit sie sich in christlicher Liebe umformen, damit Christus in ihnen geboren wird. Er, der unser Fleisch angenommen hat, der unser Fleisch auf das Kreuz von Golgotha erhoben hat, der es zu neuem Leben erweckt hat, der es als Liebesopfer für die Sünden der Welt bestimmt hat, der es von uns als Opfer der Liebe für ihn empfangen hat. Dort ist Christus wahrhaft ganz unter allen. Dort ist die christliche Liebe ohne Grenzen, dort ist der einzige Weg der Christwerdung, der einzige Weg, der uns das Evangelium aufschließt.

Und was bedeutet das konkret? Wie es verwirklichen bei jeder Begegnung mit dem anderen, dass menschliches Miteinander in authentischer Weise zu einer göttlichen Vereinigung wird? Es ist jedes Mal nötig, seine Seele Christus zu geben, damit er sie als Opfer für das Heil dieses Menschen darbringt. Das zeigt, dass es nötig ist, sich mit diesem Menschen im Opfer Christi, im Fleisch Christi, zu vereinigen. Das sind die einzigen Gebote, die wir im Neuen Testament von Christus empfangen haben, täglich bekräftigt im Augenblick der Feier der hl. Eucharistie. Das ist der einzige wahre Weg des Christen, und in seinem Licht verblassen und trüben sich alle anderen.

Es geht nicht, über die zu richten, die andere Wege gehen, zufällig, nicht opfervoll, wo der Verzicht nicht gefordert wird, wo das Mysterium der Liebe sich in der Umgebung nicht enthüllt. Aber es geht auch nicht an, nicht mehr davon zu sprechen. Vorher konnte man es vielleicht, jetzt nicht mehr.

Denn heute kommt eine schreckliche Zeit auf uns zu, die Welt erliegt ihren stinkenden Wunden, ganz entfernt vom Christentum, und ruft doch im Geheimnis ihres Herzens nach dem Christentum; nun wohl, das Christentum hat nicht das Recht, ihr ein verändertes, verringertes, verschleiertes Gesicht zu zeigen. Das Christentum muss die Welt mit dem Feuer der Liebe Christi umarmen, es muss bis zum Erleiden des Kreuzes für sie gehen, es muss Christus in sie einpflanzen.

Was bedeutet es, wenn dieses ewig aufgerichtete Kreuz für die neuen Griechen eine Torheit, für die neuen Juden ein Ärgernis – für uns aber Gottes Kraft ist, Weisheit Gottes? Was bedeutet es, wenn wir zur spirituellen Armut berufen sind, zur Torheit in Christus, zu Verfolgung, zu Misshandlung, denn wir wissen nur, dass das die einzige Berufung ist, die uns der gegeben hat, der verfolgt und geschlagen wurde, nämlich Christus, der sich arm, der sich klein gemacht hat.

Hören wir nicht auf, die versprochene Seligkeit zu erhoffen, wir werden dort von nun an, selbst in diesem Augenblick, mitten in einer verzweifelten und finsteren Welt und mit der Hilfe Gottes, uns selbst verleugnen, bis wir den Mut haben, unsere Seele für unsere Nächsten hinzugeben, und das in Liebe.